Rogério de Simone e José A. Penteado Vignoli

Clássicos do Brasil

AERO-WILLYS

São Paulo

EDITORA ALAÚDE

O texto deste livro foi fixado conforme o acordo ortográfico vigente no Brasil desde 1º de janeiro de 2009.

PRODUÇÃO EDITORIAL:
Editora Alaúde

REVISÃO:
Bia Nunes de Sousa

CONSULTORIA TÉCNICA:
Bob Sharp

IMPRESSÃO E ACABAMENTO:
Ipsis Gráfica e Editora S/A

1º edição, 2011

Dados Internacionais de Catalogação na Publicação (CIP)
(Câmara Brasileira do Livro, SP, Brasil)

Simone, Rogério de
Aero-Willys / Rogério de Simone e José A. Penteado Vignoli. --
São Paulo : Alaúde Editorial, 2011.

Bibliografia.
ISBN: 978-85-7881-106-8

1. Aero-Willys (Automóvel) - História 2. Automobilismo - História 3. Indústria automobilística - História I. Vignoli, José A. Penteado. II. Título.

11-12167 CDD-338.47629209

Índices para catálogo sistemático:
1. Aero-Willys : Indústria automobilística : História 338.47629209

2011
Alaúde Editorial Ltda.
Rua Hildebrando Thomaz de Carvalho, 60
04012-120, São Paulo, SP
Tel.: (11) 5572-9474 e 5579-6757
www.alaude.com.br

SUMÁRIO

13-018

CAPÍTULO 1

A ORIGEM

ERA UMA VEZ NA AMÉRICA

A história da importante fabricante Willys-Overland do Brasil, um marco na industrialização do país, tem origem no exterior, mais especificamente nos Estados Unidos da América. A Standard Wheel Company, fabricante de rodas de todo tipo, já desenvolvia no início do século XX atividades automobilísticas específicas em Terre Haute, no estado americano de Indiana, como a construção de automóveis usando motores resistentes, seguros e práticos de um pistão. Um deles foi o primeiro automóvel sob a marca Overland, lançado em 1902 com o mesmo tipo de radiador dos primeiros Renaults, a direção por meio de barra inclinada e um excelente molejo.

Overland modelo 17, com soluções do Ford Modelo T.

Em 1905, a empresa já atuava sob a denominação de Overland Motor Car Company e começava a produzir os novos modelos 17 e 18, com dois e com quatro cilindros, além de volante de direção e velocidade máxima de 50 km/h no modelo 17. Os novos produtos eram bem diferentes dos até então produzidos pela empresa, pois começaram a empregar algumas soluções técnicas apresentadas pelos modelos Ford da época. Mesmo com as novas alterações, só vinte unidades foram comercializadas, mas a robustez e eficiência dos veículos já começavam a chamar a atenção dos poucos proprietários.

Mesmo fabricando veículos de qualidade, a Overland se encontrava em 1907 em má situação financeira. Foi nesse momento que surgiu John North Willys, um empreendedor que começou a carreira vendendo e depois fabricando bicicletas no estado de Nova York. O comerciante propôs uma intervenção na administração da Overland, pois ele já havia vendido sozinho toda a produção de automóveis da empresa, que se mostrava despreparada para atender aos pedidos, e pretendia honrar as vendas que fizera e a palavra que havia sido empenhada para seus compradores a todo o custo.

A empresa estava à beira da falência mesmo com a oportunidade de desovar o estoque e dar sequência à produção, com sua situação financeira impossibilitando a prática de grandes empreitadas. Mr. Willys então decidiu encampá-la e utilizar o seu prestígio para conseguir financiamentos de longo prazo, proporcionando tempo suficiente para reorganizar a produção. Para isso, Mr. Willys arquitetou um plano que envolvia a febre americana da época: as bicicletas.

Diversas fabricantes do setor, buscando evitar a grande concorrência, passaram a desenvolver outros produtos – inclusive automóveis –, aproveitando o progresso tecnológico. As inglesas Rover e Morris, a alemã Opel e as americanas Duryea e Wilton, entre outras, são exemplos de fábricas de bicicletas que estrearam na indústria automobilística na época. Outra empresa que tomou esse rumo foi a Pope Motor Company (1903-1909), que fabricava veículos elétricos desde 1897 na cidade de Toledo, no estado de Ohio, e com quem Willys fechou um acordo de produção. Essa associação tornou o custo final dos produtos Overland viável ao possibilitar a redução das despesas. Outro diferencial da propriedade de Albert Pope em relação a suas concorrentes, além da liderança na produção de bicicletas nos Estados Unidos, era sua modernidade e inovação ao usar, por exemplo, rolamentos de esferas nas partes móveis e tubos de aço para os quadros de seus produtos.

A revolução estrutural da Overland envolveu também uma reforma administrativa que resultou no controle acionário da empresa por John North Willys, na época presidente da American Motor Car Sales, representante de diversas marcas de automóveis. Isso possibilitou a Mr. Willys acumular diversas funções estratégicas na administração da companhia e tomar medidas que resultaram em lucro e em um acelerado aumento da produção: de 323 carros em 1907 passou para 465 em 1908. Nesse mesmo ano, Mr. Willys não só era detentor do controle acionário como também se tornou presidente da empresa.

John North Willys, na época em que administrou a Overland para acertá-la financeiramente.

Nessa posição, o homem que havia se tornado um dos mais bem-sucedidos empresários do ramo automobilístico em poucos anos adicionou o próprio sobrenome à denominação da empresa e criou em 1909 a Willys-Overland, que manteve a mesma nomenclatura até o final de sua existência no Brasil, 59 anos depois. Logo após ter sido rebatizada, lançou o Tipo 34, um modelo de seis cilindros que custava 2.000 dólares e alcançou um enorme êxito. No mesmo ano, também apresentou vendas totais de 4.907 unidades, graças em grande parte à produção de motores de quatro cilindros, que já haviam conquistado uma boa posição no mercado.

Overland modelo 38, produzido na fábrica da Pope.

Outra estratégia de Mr. Willys para o crescimento de seus negócios era adquirir outras empresas do setor que pudessem alavancar seus empreendimentos. Em 1908, esse foi o caso da Marion (1904-1914), que começou sua produção, em Indianápolis, por automóveis com motores transversais refrigerados a ar e chegou a produzir um motor experimental de doze cilindros em V e oferecer ao mercado alguns veículos comerciais. Os modelos dessa empresa eram bem-acabados e estilisticamente mais sofisticados do que os outros automóveis americanos na mesma faixa de preço. Em 1909, a Overland também adquiriu a Pope e passou a produzir os Tipos 38, 40, 41 e 42. Neste mesmo ano, a produção total da empresa alcançou 4.907 unidades, colocando-a no oitava lugar entre os fabricantes de automóveis americanos, liderados pela Ford, com 17.771 automóveis produzidos.

O crescimento da Willys-Overland prosseguiu com a aquisição de diversas outras empresas da época ligadas ao setor automobilístico, como a fabricante de chapas de aço Kinley Manufacturing Company, a fábrica de engrenagens Warner Gear Company, a fábrica de transmissões Morrow Manufactoring Company (depois denominada Willys-Morrow), e finalmente, para garantir o suprimento das partes elétricas, a Electric Auto-Life Company. Quanto aos carburadores, criou a Tillotson Carburetor Company, dirigida por Harry Tillotson, antigo vendedor da tradicional fabricante de carburadores Stromberg, além de possuir algumas importantes ações na Curtiss Aeroplane e na Duesenberg Motors. Essa política de crescimento transformou uma simples fábrica em um grupo de empresas ligadas à produção de automóveis bastante complexo chamado Willys Corporation e teve reflexos imediatos no crescimento contínuo da produção e das vendas.

Em 1910, a Willys-Overland já era a terceira maior fabricante de automóveis americana, com 15.598 unidades produzidas. Vale lembrar que todo o mercado estava crescendo e que a Ford produziu 32.053 automóveis no mesmo ano. Em 1911, todo

Tipo 34, o primeiro produto, e grande sucesso, da empresa.

o parque industrial da companhia mudou de Indianápolis para Toledo, onde permaneceu durante muitos anos produzindo automóveis da empresa e de outras marcas.

A Willys fez um investimento na modernidade em 1912, ao lançar o modelo cupê fechado 61C sob a marca Overland, com dupla ignição Bosch, faróis a gás e luzes elétricas nas colunas dianteiras. Com o crescimento em ritmo acelerado, a Willys já havia se tornou a segunda maior fábrica de automóveis dos Estados Unidos, com 28.572 unidades produzidas, perdendo apenas para a Ford, com 78.440 unidades fabricadas. Em 1913, a situação continuou a mesma, com o grupo Willys fabricando 37.422 unidades, contra 168.220(!) da Ford.

O SISTEMA KNIGHT

Em 1913, a Edwards Motor Car Co., de Edwards Knight, foi comprada pela Willys. A união entre as duas empresas originou a Willys Knight, que utilizaria os direitos de fabricação de motores com o sistema Knight para incluir o equipamento nos automóveis fabricados pela companhia. Antes da Willys, apenas

Modelo 79, um dos maiores sucessos da Willys-Overland.

pequenos fabricantes, como Stearns, Stoddart-Dayton e Columbia, acreditavam nessa tecnologia e utilizavam-na em seus produtos. Um novo modelo identificado como 79 se juntou à longa série de veículos com quatro cilindros em 1914, comercializado com um preço abaixo de 1.000 dólares. O carro teve êxito imediato e foi um sucesso de vendas.

O sistema criado por Charles Yale Knight em 1909 também deu origem a um automóvel com a marca Willys-Knight em 1914, com motor de quatro cilindros utilizando o sistema de camisas deslizantes para substituir as válvulas circulares tradicionalmente utilizadas. O primeiro modelo Willys-Knight teve um sucesso tão grande em 1914 que suas vendas superaram a de todas as outras fabricantes de automóveis que utilizavam os motores Knight. Em 1916, a Willys comprou as licenças sobre as patentes da tecnologia Knight.

Nos sistemas vigentes até hoje, as válvulas são responsáveis pela admissão da mistura ar-combustível e pelo escapamento dos gases produzidos pela combustão, mas o motor Knight possuía duas peças côncavas de metal (denominadas camisas) que abraçavam cada cilindro e deslizavam entre eles e o bloco do motor, fazendo com que a admissão da mistura entrasse por um orifício na parte superior dessa camisa e os gases saíssem por outro orifício na parte inferior dessa mesma camisa; dessa forma, as camisas deslizantes substituíam as válvulas. Esse sistema mantinha sempre a mesma compressão e evitava o costumeiro depósito de resíduos nas

Esquema de funcionamento do motor Knight, que substituía as válvulas por camisas deslizantes.

válvulas e o risco de posterior emperramento, resultante da baixa qualidade da gasolina. Esse problema acabava exigindo frequentes regulagens e a substituição após alguns poucos milhares de quilômetros rodados. A câmara hemisférica do sistema Knight, por sua vez, também proporcionava uma eficiência maior na combustão e um consequente funcionamento silencioso do motor, evitando o excessivo barulho que o combustível de baixa qualidade costumava provocar nos motores convencionais.

Apesar de tantas qualidades oferecidas, havia problemas que impediam a popularização do sistema Knight, como exigências mecânicas que proporcionavam mínima tolerância, altos custos de produção e pagamento de *royalties*. Além disso, a melhora da qualidade dos combustíveis e dos lubrificantes e o desenvolvimento de materiais mais confiáveis com custo de fabricação menor garantiram o prevalecimento dos motores com válvulas circulares na indústria automobilística.

Os tradicionais motores de quatro cilindros com válvulas laterais constituíam a maior parte da produção da Willys, mas um motor de seis cilindros passou a ser produzido e oferecido para a linha de automóveis da empresa em 1915. O novo equipamento ajudou a manter a segunda posição da Willys no mercado ao aumen-

Prédio da Willys-Overland inaugurado em 1915.

tar as vendas, com 91.904 unidades produzidas, atrás apenas da Ford, que mantinha a liderança, com 501.462 unidades fabricadas. No mesmo ano, John North Willys resolveu construir um suntuoso prédio para a administração da empresa em Toledo. Esse edifício abrigou a empresa durante mais de sessenta anos até sua implosão em agosto de 1979.

Com o sucesso dos modelos de seis cilindros, a Willys decidiu criar um motor de oito cilindros em V em 1917, mas as vendas não tiveram o resultado esperado. Mesmo com essa decepção, a segunda colocação em veículos produzidos foi mantida com a marca de 88.753 unidades até 1918, quando a empresa demonstrou não conseguir sustentar o ritmo de crescimento e produção que vinha apresentando. A empresa foi então vítima de seu próprio sucesso, acabou sendo superada por alguns concorrentes e caiu para o quinto lugar em 1919, atrás da Ford, da Chevrolet, da Buick e da Dodge. Nesse ano, a produção da empresa também havia caído para 80.853, demonstrando claramente a organização e preparação superiores por parte de outros fabricantes para enfrentar a crescente concorrência do mercado. De acordo com alguns especialistas, a Willys foi vítima da própria diversificação de atividade e do grande número de empresas que controlava, entre elas a fábrica de aviões Curtiss Aeroplane and Motor Company.

A CRISE DOS ANOS 1920

Uma forte oscilação na produção da Willis refletia a difícil situação enfrentada pela empresa. Em 1920, a produtividade apresentou uma melhora, com um total de 105.025 automóveis fabricados, mas logo caiu no ano seguinte, com somente 48.016 automóveis, colocando a Willys em sexto lugar no *ranking* dos fabricantes. Para agravar ainda mais a situação, o excesso de crédito e as baixas vendas no mercado de carros usados desencadearam uma crise no início dos anos 1920, levando a diretoria da Willys a criar uma *holding* denominada Willys Holding Corporation, a fim de reduzir custos e centralizar as decisões. Mesmo assim, a situação financeira penosa dificultava a rolagem de suas dívidas de cerca de 30 milhões de dólares junto ao mercado.

Com o agravamento cada vez maior da situação, a Chasecurities Company, uma das empresas credoras, resolveu intervir contratando um profissional capaz de ajudar a Willys a superar os problemas que enfrentava. O escolhido foi aquele que um dia estaria destinado a criar a Chrysler Corporation em 1925, Walter P. Chrysler, que assinou um contrato de dois anos com uma remuneração de 1 milhão de dólares por ano. Para se ter uma ideia do quão grande esse valor era na época, o preço de um Ford modelo T Runabout estava por volta de 395 dólares.

O plano de reorganização desenvolvido por Chrysler foi muito duro e envolveu corte de pessoal e venda de ativos para pagamento dos credores. Mr. Willys, que havia se afastado da administração durante a intervenção, retomou o controle da empresa, mais fortalecida, num período de mercado crescente. Mas apesar da nova situação e de todos os esforços, a empresa voltou a enfrentar problemas financeiros por volta de 1923, gerando disputa pelo controle acionário da empresa.

Dois grupos fizeram ofertas intencionando comprar cerca de um terço das ações com direito a voto da Willys-Overland Company sob a posse da Willys Holding Corporation. Esse grande lote de ações daria ao vencedor o controle da empresa, que estava mais uma vez à beira do colapso. O maior incentivo para tal ambição era o tamanho da Willys: a maior empresa do estado de Ohio, tão poderosa que dominava a cidade de Toledo e empregava milhares de operários, que produziam por volta de mil automóveis por dia numa demanda crescente.

Apoiada por Mr. Willys, a proposta de Thomas H. Tracy saiu vencedora, em detrimento de Henry L. Thompson, presidente do Conselho de Administração da própria Willys. O juiz responsável pelo processo de disputa aceitou a proposta de 3,5 milhões de dólares feita pelo grupo de Tracy, uma vez que as cláusulas do contrato de compra protegiam outras partes interessadas, como os acionistas preferenciais e a própria Willys Holding Company, empresa-mãe de todo o grupo.

Apesar da situação crítica, um artigo publicado na *Revista de Automóveis* de outubro de 1957 registrou que nessa mesma época a Willys assumiu uma posição acionária relevante na Duesenberg, fabrica de automóveis de alto luxo, aumentando exponencialmente a qualidade

Walter P. Chrysler reorganizou a empresa entre 1920 e 1922.

da produção da Willys. Parecia que as coisas finalmente estavam se normalizando, e a produção ascendente colocou a Willys na quarta colocação entre os fabricantes americanos em 1923, caindo para o sexto lugar só em 1926. Em 1928, porém, subiu ao terceiro lugar com a criação de um estrondoso sucesso de vendas que rendeu, ao lado de outros modelos, a produção de 351.000 veículos com 310.000 unidades comercializadas. O modelo foi batizado de Whippet, referência a uma raça de cachorro, e era inicialmente oferecido como um pequeno quatro-cilindros, mas ganhou em pouco tempo uma versão de seis cilindros.

Nos anos 1920, a Willys-Overland manteve um bom índice de vendas ao fabricar somente veículos de quatro cilindros com motores convencionais ou usando o sistema Knight, mas resolveu se associar à Crossley da Inglaterra a fim de diversificar seu mercado consumidor. O resultado dessa fusão foi a Willys-Overland Crossley, responsável pela produção do Willys-Overland Four (1924), com motor Morris Oxford, exclusivamente para o mercado inglês. Outra aquisição da empresa foi a F. B. Stearns Company (1925). Também fabricou Falcon Knight através da Falcon Motor Corporation of Elyria de Ohio, uma empresa que a Willys-Overland financiava.

Willys Knight 1923, bem-aceito no mercado americano.

À esquerda: o Willys Whippet 1928. À direita: o luxuoso Willys Knight Great Six 1929.

Em julho de 1929, John North Willys, um empresário com conhecimentos profundos sobre a indústria do automóvel e sobre negócios americanos em geral, vendeu todas as suas ações na Willys-Overland Holdings para investidores de Chicago e de Toledo, por não acreditar que o *boom* do mercado automobilístico duraria para sempre. O nome de Mr. Willys sempre era lembrado quando era preciso que alguém assumisse a representação dos Estados Unidos em diversos países do mundo, sendo até designado embaixador na Polônia em 1930. A venda da empresa não mudou a designação dos automóveis, que continuaram a ser batizados com o já consagrado nome Willys, como o Willys-Knight Great Six de 1929, com desenho assinado por Northrop. Apesar de todos os acontecimentos, Mr. Willys ainda voltaria...

OS ANOS 1930

A crise econômica mundial desencadeada pela quebra da Bolsa de Valores de Nova York em 1929 afetou duramente a estabilidade da Willys. Como se não bastasse, o aperfeiçoamento dos motores com válvulas tornou a fabricação dos motores Knight economicamente inviável e o grupo foi enormemente prejudicado pelo encerramento da produção da Stearns e da Falcon. Todos esses fatores estiveram presentes no lançamento do grande e luxuoso modelo Great Six, equipado com o oneroso motor Knight, podendo-se escolher duas opções de seis cilindros com diferentes potências e duas diferentes medidas de chassi. A combinação do momento errado para o lançamento, o estouro da crise de 1929 e o custo elevado resultou no fracasso do carro. O modelo Eight foi lançado no mesmo período e sofreu com os mesmos males dos seus irmãos menores, os Six. Embora a queda da popularidade tornasse mais sensato o encerramento da fabricação do sistema Knight, a Willys apenas reduziu a importância desse tipo de motor em sua produção. Vale lembrar também que as proteções das patentes Knight haviam caído em 1932 e essa tecnologia foi parar em domínio público. Com isso a produção declinou ainda mais e totalizou apenas 27.800 unidades.

A saída de Mr. Willys em 1929 também havia provocado uma vertiginosa queda nas vendas, perceptível pela venda irrisória de 17.961 Whippets em 1931. O modelo havia vendido 135.000 unidades a mais no ano anterior. Isso fez com que a Willys fosse a sétima maior produtora de automóveis dos Estados Unidos em 1931, com 65.800 unidades, contra a Ford, com 615.455 unidades, e a Chevrolet, com 619.554.

Quando parecia que as vendas finalmente começariam a se recuperar, a Monroe Auto Equipment gerou pânico entre bancos e fornecedores ao entrar com um pedido de recebimento de débito contra

Willys modelo 77, único carro produzido pela empresa durante a crise.

John North Willys.

a Willys. A situação financeira da empresa se agravou tanto no decorrer de 1933 que a Willys finalmente quebrou. Foi necessário reduzir a produção a apenas um modelo: o pequeno mas chamativo 77, dotado de freios hidráulicos e carroceria aerodinâmica, com o valor mais baixo obtido pela fábrica, entre 395 e 445 dólares. Na mesma época, o Modelo 77, nomeado Aerodynamic, passou a ser fabricado em um acordo com a Hupp Motor Car Corporation, que também distribuía os produtos Willys e Citroën através da sua rede de revendedores.

A nova crise teve como consequências a produção dos últimos Overland e Willys-Knight e a intervenção judicial nas operações da empresa, que passaram a funcionar sob supervisão cerrada e em regime de dia a dia. A Justiça também empossou David R. Wilson como novo presidente, que determinou o oferecimento de apenas três modelos ao mercado em 1934, todos derivados do pequeno 77, com alterações mínimas mediante pré-autorização.

Mesmo afastado de sua antiga posição, Mr. Willys observava, inconformado os rumos que a empresa que levava seu nome estava tomando e resolveu fazer alguma coisa para ajudar na recuperação da companhia. Com extensa experiência em vendas, viajou por diversos países e visitou inúmeros fornecedores e distribuidores para acalmar a todos. Em 1935, o controle da empresa foi assumido por um grupo de acionistas preferenciais que reconduziu Mr. Willys à presidência da empresa tendo em vista suas recentes ações. Infelizmente Mr. Willys não teve o tempo necessário para desfrutar de seus esforços, pois faleceu ao sofrer um ataque cardíaco em 26 de agosto de 1935.

Após a morte de Mr. Willys, um antigo colaborador chamado Ward Murphey Canaday (1902-1991) formou a Empire Securities Inc. em setembro de 1935 e assumiu as obrigações da Willys, salvando-a. Ao ser aceito pela Justiça, esse arranjo deu origem à Willys-Overland Motors, que assumiu os ativos da antiga Willys-Overland Company e iniciou uma nova era para a companhia, sob a presidência de Canaday.

A injeção de capital na empresa teve reflexos imediatos e tornou possível o lançamento dos modelos de 1936 equipados com diversos melhoramentos custando apenas 395 dólares. A primeira colocação obtida pela Willys Overland Motors no

Willys modelo 39, carro moderno com bom preço de mercado.

teste de consumo promovido pelo Gilmore-Yosemite Official Economy Run refletiu o reconhecimento conquistado pelas recentes ações e ajudou na divulgação da qualidade do produto.

Em 1937, o Modelo 77 foi substituído pelo recém-criado Modelo 39, que apresentava um desenho muito moderno para a época, um bom aproveitamento do espaço interno e uma relação custo-benefício atraente, com o preço de 499 dólares.

A empresa voltou a apresentar lucro após anos no vermelho graças à aceitação de seus produtos, construídos tendo em vista qualidade, e o aumento da produção era um resultado natural para todo esse esforço. Mesmo com esses sucessos, a situação da companhia ainda era instável e sofria abalos com a movimentação do mercado, como a ocorrida em meados de 1938, que fez as vendas despencarem em 70 por cento. Mesmo com o New Deal, a economia americana ainda estava frágil e não resistiu a um indício de recessão que acabou provocando um colapso da economia que se refletiu em todos os setores. No automobilístico, esse quadro ocasionou a queda de 40 por cento na produção de automóveis e caminhões, uma das maiores até então. Nesse mesmo período, o ex-vice-presidente da Chrysler, Joseph Washigton Frazer, assumiu o cargo de presidente da Willys. Esse personagem se tornou mais tarde sócio de Henry Kaiser na Kaiser-Frazer, uma empresa que terá um importante papel nesta história.

RENOVAÇÃO APÓS A GUERRA

Em 1940, a criação do modelo 440 deu início à substituição de linhas anteriores graças aos inúmeros aprimoramentos, ao novo desenho e ao oferecimento de uma garantia de 160.000 quilômetros, ou três anos, nunca antes oferecida por um fabricante. A garantia teve tanto apelo junto ao público que resultou num exponencial aumento das vendas, 73 por cento maiores que as vendas de todo o ano de 1939 já em abril de 1940.

Em 1941, o modelo recém-criado recebeu algumas modificações e foi batizado de Americar, um nome curto, fácil de lembrar e patriótico, tendo por base o momento político enfrentado pelo país e pelo mundo. Ao mesmo tempo, a Willys se envolveu em um projeto da indústria de defesa, um veículo denominado General Purpose (para uso geral), mais conhecido pela transcrição fonética de suas iniciais: Jeep. Com a colaboração da Ford, o Jeep começou a ser produzido junto do Americar, com ambos usando o mesmo tradicional motor Willys de quatro cilindros.

A fim de economizar combustível para o esforço de guerra, foi lançada a versão popular, 442, do Americar. A entrada dos Estados Unidos na Segunda Guerra Mundial, oficialmente justificada pelo ataque japonês a Pearl Harbor, pôs fim definitivamente à fabricação do Americar em 24 de janeiro de 1942, quando a produção do Americar 442 já totalizava 11.910 unidades. A irreversibilidade do encerramento se deve à mudança do mercado de carros no pós-guerra, que provocou a substituição dos carros compactos, leves, econômicos e de bom desempenho por carros grandes e potentes.

O modelo 440 tinha inéditos três anos de garantia.

O inconfundível Willys Americar de 1941.

O Book of the Year de 1952 da *Enciclopédia Britannica*, com eventos de 1951, trouxe em destaque a informação de que a Willys-Overland lançara seu primeiro sedã em 1942, após o encerramento da produção do Americar. Porém a história do Aero começou antes disso, na mente do executivo da indústria automobilística Clyde Paton, um engenheiro formado pela Universidade de Michigan que trabalhou na Studebaker e na Packard, onde se tornou engenheiro-chefe. Henry Ford II buscou o auxílio de Paton em outubro de 1945, a fim de reorganizar o departamento de Engenharia da Ford no pós-guerra. Paton viu na situação a oportunidade de ser o futuro engenheiro-chefe do departamento, mas o cargo acabou sendo ocupado por Harold T. Youngren, ex-engenheiro-chefe da Oldsmobile. No mesmo período, Paton esteve indiretamente ligado ao projeto de um carro leve para a Ford e acreditou que o mercado automobilístico do pós-guerra seria favorável aos automóveis menores. Essa ideia era compartilhada pela diretoria da Willys, que se baseava na bem-sucedida experiência com o Americar antes da guerra.

Em 1943, Brook Stevens era consultor de estilo da Willys, que já planejava produzir um novo automóvel de passageiros. O presidente da empresa, Ward M. Canaday, acreditava que o mercado de automóveis de passageiros do pós-guerra seria praticamente ilimitado.

Outros executivos da indústria automobilística pensavam da mesma forma, fazendo com que o grupo industrial Kaiser, dedicado à indústria naval e à produção de alumínio, incluísse a fabricação de automóveis entre suas atividades, o que mais tarde ligou-o à Willys. Foi no período da guerra (1939-1945), quando Paton estava trabalhando na construção da fábrica de motores de aviação Allison (GM), também em Toledo, que o engenheiro teve oportunidade de entrar em contato com o pessoal da Willys.

Sem enxergar um futuro na Ford ou a possibilidade de desenvolver um automóvel leve, Paton resolveu abrir seu próprio escritório em outubro de 1946 e projetar um carro pequeno, o tipo de automóvel que acreditava ser o meio de transporte ideal para a família americana do pós-guerra. Entre 1947 e 1950, apresentou seus planos e suas patentes sobre o pequeno carro a algumas companhias, aproveitando-se de sua boa reputação no meio automobilístico. Durante o desenvolvimento do projeto do tão sonhado compacto, recebeu o auxílio do projetista de automóveis Philip (Phil) Wright, que também preparou os primeiros esboços para tentar vender a ideia. Os dois já haviam trabalhados juntos no projeto do primeiro Packard Clipper, em 1939.

Paton tinha em mente vários projetos para o automóvel compacto de monobloco e acreditava que receberia apoio financeiro de algum grupo independente para desenvolvê-lo, mas sua expectativa acabou não se concretizando. Ele teve de procurar as empresas automobilísticas já estabelecidas.

Paton apresentou seus projetos para Ward Murphey Canaday pela primeira vez em 1948. O presidente da Willys demonstrou interesse pelas ideias do engenheiro, mas demorou dois anos para tomar uma decisão efetiva. Nesse meio tempo, Paton se aproximou da Packard e da Nash em 1949. Enquanto isso, a Willys continuava muito ocupada com a produção e a venda de Jeeps e de suas diversas versões criadas no pós-guerra, incluindo o conversível Jeepster, produzido de 1948 a 1951.

No alto: o estilista Brook Stevens. Acima: o então presidente da Willys-Overland, Ward M. Canaday.

À esquerda: protótipo 6-70, que não foi adiante.

Mas Canaday já arquitetava a volta da empresa para o mercado de automóveis de passeio, com a ajuda de vários outros projetistas e desenhistas, como Brook Stevens, desenhista do Jeepster, da frente da Rural brasileira e do Aero 2600, Bob Andrews, Art Kibiger e Clyde Paton, que é o personagem que nos interessa.

O NASCIMENTO DO PROJETO

Em junho de 1950, a Willys finalmente convidou Paton para trabalhar como consultor no desenvolvimento do tão sonhado compacto, mas Phil Wright já havia publicado um artigo na revista *Road & Track* de março intitulado "A present day 'Model A". Nele era apresentado um compacto de duas portas conversível com linhas muito parecidas com as ideias de Paton, refletindo a simpatia de Wright com relação a elas. O artigo impressionou tanto Canaday, que o levou a sugerir a Paton a contratação de Wright como desenhista do novo automóvel. Assim, Phil foi convidado para se juntar ao time responsável pelo projeto nomeado inicialmente de Wing, a série de automóveis que pouco tempo depois se tornou Aero.

Os princípios e os desenhos apresentados anteriormente na *Road & Track* serviram de base para o árduo trabalho de Wright, que trabalhou no Wing de julho a outubro. Como a Willys não possuía departamento de Modelagem para fazer os contornos do modelo em argila, toda a preparação foi realizada nas oficinas da empresa Murray Corporation em Detroit. No início de outubro de 1950, o modelo ficou pronto para ser aprovado pelos diretores da Willys, mas acabou sumariamente rejeitado pela diretoria. Uma das críticas era a falta de uma traseira mais definida, com mais personalidade, e de um forte logotipo que diferenciasse a esperada linha de automóveis dos outros produtos da marca Willys. Havia o temor de que os futuros compradores associassem o modelo ao Jeep, sina que não pôde ser evitada.

A direção da Willys não deu alternativa a não ser a mudança de estilo, mas deu a bagatela de 1.000 dólares por dia de trabalho e apenas uma semana para a conclusão do novo modelo em argila. Os modeladores Bill Mitchell e Caesar Testaguzza tiveram de trabalhar sete dias e sete noites na Murray Corporation para criar o novo modelo, cuja rebuscada grade dianteira foi substituída por uma simples faixa de metal cromado. Rabo de peixe foi outro acréscimo recebido, tendo em vista a populariedade do estilo na época. As linhas básicas de todo o restante não receberam alterações.

A apresentação da nova versão ocorreu em 17 de outubro de 1950 com sucesso. Um W esculpido em madeira e recoberto em metal foi colocado no centro da grade por Bill Mitchel, com a intenção de criar um apelo junto a Ward Murphey Canaday, que gostou tanto do emblema que o colocou também nas calotas, na tampa do porta-malas e no botão da buzina. Para finalizar a escolha dos ornamentos, havia uma escultura que seria colocada sobre o capô, em forma de caça a jato, descartada por Mitchel. O modelador achou a peça, chamada nas propagadas de plane wing, muito feia, mas sua opinião não era compartilhada por Canaday, que decidiu colocá-la em todos os modelos.

Em relação ao motor, a direção da Willys havia acabado de construir em 1947 o 675, ou Lightning-head, de seis cilindros e válvulas laterais, com 75 cv de potência, usado nas station wagons. Por esse motivo, reprovaram todas as propostas de Paton e só encontraram uma solução quando o engenheiro Barney Roos desenvolveu em 1950 um cabeçote dotado de válvulas de admissão, a concepção F-head, denominado 695, ou Hurricane. O dispositivo permitiu um aumento da potência para 90 cv. Os motores eram produzidos e montados pela Hupp Corporation com base em um contrato firmado com a Willys, e era na época o menor motor de seis cilindros produzido nos Estados Unidos pela empresa.

SURGE A SÉRIE AERO

Em 4 de abril de 1951, os três primeiros protótipos foram enviados para testes de estrada, em uma exaustiva viagem por 48 estados americanos, ou 167.000 km. Os veículos experimentais eram sedãs de duas portas que faziam a média de 83 km/h, cujo novo nome era Aero Wing. O lançamento da nova linha foi anunciado em um artigo da revista americana *Time,* publicado em novembro de 1951, enfatizando a diferença entre os automóveis recém-criados e o Jeep. Essa reportagem demonstrava a preocupação da Willys-Overland Motor, Inc. com a imagem que o consumidor faria de seu novo produto.

A nova linha de automóveis de passeio da Willys foi apresentada em 19 de janeiro de 1952, constituída de quatro modelos sedã de duas portas: equipados com motor Hurricane de 90 cv, podemos citar o Aero Ace e o topo de linha Aero Eagle, que só foi apresentado em 5 de março; enquanto os modelos Aero Wing e Aero Lark, apresentado somente no dia 21 de março, usavam

A linha Aero, da esquerda para a direita: Aero Ace, Aero Lark e Aero Eagle.

o motor Lightning de 75 cv. As diferenças não se resumiam à motorização e se estendiam ao acabamento e à área envidraçada, que podia oferecer uma visão panorâmica dependendo do formato do teto. O Aero Eagle, além de possuir uma grande área envidraçada, também era um cupê sem coluna, comumente chamado de hardtop cupê.

A aprovação que os novos automóveis receberam da imprensa especializada pode ser notada pelas conclusões favoráveis obtidas no teste realizado pelo Motor Vehicle Research em janeiro daquele ano e publicadas na edição de junho de 1952 da revista *Science and Mechanics*. A sensação de estar num carro grande com baixo centro de gravidade e bom comportamento nas curvas foi elogiada, mas alguns detalhes negativos foram comentados, como a longa distância entre o rádio e o motorista, a forma de gaveta do porta-luvas, que tinha uma abertura pequena e corria o risco de cair, e algo muito comum em todos os automóveis: o barulho alto que vinha da abertura do quebra-ventos quando o carro estava em alta velocidade, mesmo quando fechado.

Além das já citadas qualidades, os novos modelos Willys poderiam trazer um longo período de bons serviços nas mãos de um motorista razoavelmente cuidadoso. A propaganda feita pela fábrica na época alardeava o andar suave e silencioso do novo Aero-Willys (nome genérico usado para se referir a toda a linha), proporcionado pela carroceria monobloco inspirada nos aviões a jato e no sistema "airborne" ("sustentado no ar", em tradução livre) com extensivo uso de buchas de borracha na suspensão, molas mais longas na suspensão dianteira e bancos desenhados para dar aos ocupantes um suporte natural para que pudessem apreciar a suavidade do rodar. A empresa também ressaltava que a carroceria monobloco era inspirada em princípios da contrução aeronáutica com concepção denominada aeroframe, de onde derivou

Uma pequena lanterna equipava a traseira da nova linha Aero.

Boa parte das propagandas do Aero-Willys indicava a inspiração da carroceria monobloco pela presença dos aviões.

o prefixo Aero. O conceito dos modelos combinava perfeitamente com a grande área envidraçada denominada "helicopter pilot visibility" (visibilidade de um piloto de helicóptero), que permitia visão panorâmica de todo o entorno.

Mil proprietários do novo caro responderam a um questionário enviado pela revista *Popular Mechanics* afirmando a inexistência de melhor relação peso-potência no mercado americano. O jornalista especializado da revista, Floyd Clymer, confirmou o que a pesquisa constatou, detalhando que o Aero tinha potência de 1 cv para cada 13 kg. Só esse fato já fazia a Willys reentrar no mercado de automóveis de passeio com estilo, na posição de formidável competidor.

O carro também agradava quando se tratava de estilo, visibilidade, ventilação, aquecimento, potência e consumo, este último um fator preponderante na decisão de se comprar o novo carro. O jornalista Floyd Clymer apontou como pontos fracos a proximidade excessiva entre os pedais do freio e da embreagem, as luzes-espia (pressão do óleo e amperímetro) ao fundo do velocímetro em vez de instrumentos, o botão de arranque no lado esquerdo do motorista, e o que traria os maiores problemas para o novo produto: o preço. Alguns motoristas afirmaram que os baixos consumo de combustível e custo de manutenção anulavam a diferença de preço entre o novo Aero-Willys e seus competidores de maior porte. Além disso, o jornalista disse na reportagem que a crescente produção poderia diminuir o preço do veículo e terminou o teste prevendo um futuro brilhante para a Willys.

Porém, a mentalidade do consumidor americano não conseguia compreender um preço tão elevado em um carro pequeno. Além disso, os custos não podiam ser diluídos como ocorria com as três grandes fabricantes automobilísticos americanos, que ofereciam automóveis maiores, mais potentes e mais vistosos do que a linha

Aero, mas por um preço menor. Ironicamente os acessórios oferecidos pela linha eram baratos e de boa qualidade, como o câmbio com overdrive (sobremarcha) ao custo extra de 80 dólares.

Após obter 24 milhões de dólares de lucros sem impostos em 1952, a Willys esperava ter um ótimo ano em 1953. Na mesma época, a concorrente Kaiser-Frazer, pertencente ao industrial Henry Kaiser e gerida pelo filho Edgar, vinha perdendo 52 milhões de dólares desde a sua criação, sete anos antes, além de dever 48 milhões para o órgão governamental RFC – Reconstruction Finance Corporation. Tudo parecia indicar que a Kaiser-Frazer se associaria a uma das três grandes empresas automobilísticas de Detroit ou seria comprada pela Willys, mas ela resolveu desafiar as expectativas e crescer no ramo da fábricação de automóveis. Para alcançar esse fim, aproveitou-se da oportunidade surgida com a oferta das ações da Willys na bolsa de valores a 5,25 dólares por unidade. Com a negociação, as mesmas ações custaram 17 dólares a unidade para a Kaiser, representando um lucro de 17,4 milhões de dólares para Canaday e sua família, incluso nos 62,3 milhões de dólares, o valor total da transação. Para conseguir o dinheiro para a compra da Willys, Kaiser rapidamente formou a Kaiser Manufacturing Company para viabilizar a operação, extraindo recursos da Henry J. Kaiser Company, que contribuiu com 37,6 milhões de dólares, e da venda de ações para outra empresa ligada ao grupo, além de um empréstimo de 20 milhões de dólares concedido pelo Bank of America. A partir de então um novo grupo passou a controlar a Willys e dar sequência à sua atribulada trajetória, repleta de dificuldades desde a fundação.

Henry Kaiser, novo dono da Willys.

Após a aquisição, o grupo Kaiser tinha à disposição os altos lucros da Willys para neutralizar os elevados prejuízos os quais sofria e gerar economia de impostos, tornando-se o quarto maior grupo fabricante de automóveis dos Estados Unidos. Em 1953, a Kaiser-Fraser passou a se chamar Kaiser Motors Co. e ficou em quinto lugar na produção americana de automóveis. Também desativou a enorme fábrica de Willow Run, no estado de Michigan (maior construção sob um mesmo teto do mundo, construída numa propriedade de Henry Ford, usada para fabricação dos bombardeiros B-24), onde os modelos Kaiser-Frazer eram fabricados, e transferiu sua linha de produção para Toledo, berço da Willys.

Ainda em 1953, a Overland comemorou seu quinquagésimo aniversário ao lançar modelos Aero com o W da grade dianteira em dourado e munidos de pequenas modificações estéticas, como novas calotas e para-brisa inteiriço para o duas-portas

Os Aeros fabricados no quinquagésimo aniversário da Overland vinham equipados com o W da grade dianteira na cor dourada.

Aero Ace e para o Aero Eagle, além de o modelo Aero Falcon substituir o Aero Wing. O Aero Lark também se manteve. Apenas o top de linha Aero Eagle não era oferecido com carroceria de quatro portas, e a versão Aero Ace vinha com vidro traseiro panorâmico. A caixa automática Hydramatic da General Motors passou a ser oferecida como opcional a partir de julho.

Concluída a fusão entre as empresas, os Aero 1954 oferecidos incluíam somente os modelos Lark, Ace e Eagle, com onze novas cores, metálicas ou sólidas, e novo painel com botões deslizantes ao estilo Kaiser. Os Aero Ace e Eagle tinha a opção de motor Kaiser 226-pol³ (3,7 litros), com 115 cv de potência, pagando-se 50 dólares adicionais. Outras novidades eram o câmbio Hydramatic, direção hidráulica e o charmoso kit continental, disponível somente para o top de linha Eagle Custom. Esses itens nunca foram introduzidos nos modelos fabricados no Brasil.

A dificuldade em diminuir os custos de produção da linha Aero fazia com que o preço final fosse elevado, muito próximo ou superior ao da concorrência, o que resultou em queda das vendas ano a ano. Outro problema foi a má fama adquirida pela rede de assistência técnica, talvez fruto do relacionamento tenso entre a Kaiser e seus revendedores. Os carros compactos não agradavam muito o consumidor americano, pelo menos até a década de 1960. A Willys e outras empresas, como a Hudson e a Nahs, erraram em sua avaliação do

A linha Aero 1954 podia vir equipada com o motor Kaiser de 115 cv.

Modelo Bermuda, um dos Aero-Willys 1955 que eram esteticamente como o fabricado no Brasil.

mercado e acabaram desaparecendo por causa de sua opção.

Em 1954, o mercado sofreu uma queda geral na produção estimada em 10,9 por cento, com situação ainda mais crítica entre as companhias independentes: Studebaker – 53,8 por cento, Nash – 51,9 por cento, Hudson – 57,7 por cento, Packard – 65,7 por cento, Kaiser – 71,9 por cento, e Willys – 73,1 por cento.

A fusão entre a Willys e a Kaiser também não convenceu os consumidores de que a empresa tivesse fôlego para continuar no mercado, amplamente dominado pelas três grandes, nem mesmo a qualidade dos modelos Aero, que levou o repórter Griff Borgeson da revista *Motor Life* a comprar um para uso pessoal após testar um modelo 1954.

Em 1955, foram produzidos os últimos modelos Aero nos Estados Unidos: 663 unidades do Ace, voltadas para exportação, o Custom nas versões duas e quatro portas e o Bermuda, oferecido somente na versão com duas portas, com a grade dianteira e as lanternas traseiras modificadas (ambas as modificações externas já faziam parte dos Aero 1960 brasileiros). Em abril de 1955, a tradicional "Sección de Automovilismo" da revista *Mecánica Popular* (edição em espanhol da *Popular Mechanics*) ressaltou a diminuição do preço do modelo "conversível de teto duro" da Willys, que se tornou o mais barato do mercado em sua categoria.

O declínio da produção dos modelos Aero ano a ano refletia a situação, com a fabricação de 31.363 veículos em 1952, 42.244 em 1953, 11.875 em 1954 e somente 6.564 em 1955. O total de unidades produzidas nos Estados Unidos foi 92.046. Os estampos do modelo com quatro portas começaram a ser enviados ao Brasil já em junho de 1955, que produziria mais 23.379 Aero-Willys com essa carroceria entre 1960 e 1962.

CAPÍTULO 2

A CHEGADA AO BRASIL

O GRUPO KAISER

O mercado automobilístico brasileiro era inicialmente constituído pela importação de veículos leves e pesados, além de tratores de vários tipos. A falta de uma produção nacional resultava em um mercado carente, cuja situação se agravou com a Segunda Guerra Mundial, que praticamente sucateou a frota de carros brasileira pela impossibilidade de importação durante o conflito e pela falta de oferta nos anos seguintes. A Fábrica Nacional de Motores (FNM) foi fundada apenas em 1942, com a finalidade de fabricar motores de aviação, mas os planos para a fabricação de automóveis foram estabelecidos só em 1950, com o acordo firmado com a Alfa Romeo.

Buscando capital e tecnologia para a fabricação de automóveis no Brasil, o futuro coordenador da instalação da indústria automobilística nacional Lúcio Meira fez as primeiras sondagens na Alemanha, na Itália e na França. Para atrair investidores, o governo estava disposto a conceder concessões cambiais e outros estímulos fiscais. De todos esses esforços resultaram os primeiros movimentos de técnicos para a instalação de fábricas de veículos no Brasil.

Em 1952, autoridades brasileiras foram aos Estados Unidos atrair capital e estudar a indústria americana de automóveis para a possível instalação de mais parques industriais.

Ainda em 1952, o progresso das conversações e o crescente interesse de diversos setores da sociedade pela empreitada levou o Governo Vargas a criar a CDI – Comissão de Desenvolvimento Industrial, órgão subordinado à Presidência da República que instalou a Subcomissão de Jipes, Tratores, Caminhões e Automóveis.

Fábrica da Willys do Brasil, inaugurada em 1952, iniciando uma bela história.

Lucio Meira, o grande impulsionador da indústria automobilística brasileira, a bordo do Aero-Willys no dia do seu lançamento.

Em 19 de agosto de 1952, a CDI expediu o Aviso 288, que limitava a concessão de licenças para a importação de peças a fim de impulsionar sua fabricação no parque industrial nacional. A importação de veículos leves de 1952, 110.000, ilustrava a forte necessidade de se controlar as importações. O Brasil já enfrentava graves problemas para pagar suas dívidas com outros países, e o ritmo acelerado de renovação da frota ameaçava provocar uma forte redução das reservas cambiais do país em um curto período de tempo. A proibição da importação de veículos motorizados completos e montados veio com o Aviso 311 de 28 de abril de 1953, mas havia muitas brechas que possibilitavam a importação de veículos de luxo como bagagem de viagem.

Esse desequilíbrio da balança comercial começou a ser corrigido com a entrada efetiva dos investidores estrangeiros no Brasil, entre eles o grupo americano Willys, que fundou em São Bernardo do Campo a Willys-Overland do Brasil S. A. em 26 de abril de 1952. Em sua fábrica, iniciou a montagem de Jeeps em parceria com um grupo de capitalistas brasileiros capitaneados pelo banqueiro Theodoro Quartim Barbosa, do Banco de Commercio e Indústria de São Paulo S. A. (mais tarde Comind).

Na época da fundação, a Willys-Overland do Brasil ainda não pertencia ao grupo industrial Kaiser, que tinha incorporado em 1953 a Willys Motor Inc., cujos negócios envolviam a fabricação de alumínio (responsável por 30 por cento do mercado americano), de motores de aviação, material bélico, cimento, fundições e usinas elétricas próprias. Todas as 118 indústrias da nova subsidiária, espalhadas por dezenove países do mundo,

Foto histórica do primeiro Jeep montado no Brasil, em 26 de abril de 1952.

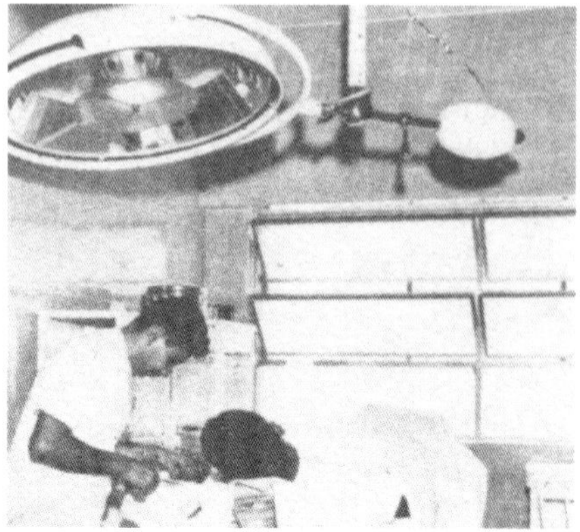

Funcionários da Willys. À esquerda: o enorme refeitório. À direita: o centro odontológico gratuito.

além da Kaiser Fundation Medical Centre, passaram a ser controladas pelo grupo. Seu presidente, o empresário Henry Kaiser visitou a Argentina e o Brasil entre agosto e outubro de 1954. Durante a visita, foi apresentado ao presidente Getúlio Vargas pelo ministro Oswaldo Aranha e afirmou em entrevistas que queria fazer, mais do que uma montadora, uma fábrica de automóveis no Brasil. A intenção se manteve mesmo com a morte de Getúlio e confirmou-se na reunião entre o presidente Café Filho e Henry Kaiser, que acrescentou a participação de 30 por cento do capital da Willys.

Como a produção de automóveis Kaiser fora encerrada nos Estados Unidos em 28 de maio de 1953 e a América Latina estava carente de novos carros, Henry Kaiser vislumbrou a oportunidade de dar um destino produtivo ao maquinário da empresa e fazer o seu fracassado investimento na fabricação de automóveis renascer. Como o tamanho do mercado argentino era muito pequeno, apenas Henry Kaiser se interessou em instalar uma fábrica no país em 1954. No Brasil, a Willys já estava instalada desde 1952 em estágio avançado, possibilitando a Henry Kaiser transferir todo ou grande parte do maquinário para os dois países e usar os recursos locais para capitalizar as novas empresas. James McCloud, presidente da IKA (Indústria Kaiser Argentina), expressou durante uma entrevista a filosofia de investimentos da empresa, que tinha 40 por cento das ações em poder do público, ao afirmar que "os países em desenvolvimento gostam de ver uma companhia de proprietários locais fabricando produtos de marcas registradas. É isso que estamos fazendo aqui. Nossa identidade corporativa é Argentina, porém os Jeeps, os Rambler e os Renaults que fabricamos são nomes internacionais".

A Willys-Overland do Brasil entrou em atividade em 1954 ao iniciar a montagem dos Jeeps Willys americanos, cujo nome comercial no Brasil era Jeep Universal. O veículo foi muito bem aceito pelo mercado brasileiro, graças à sua eficiência nas precárias estradas brasileiras da época. Com o aumento da demanda do mercado brasileiro associado ao interesse do grupo Kaiser em recuperar os investimentos perdidos nos Estados Unidos, a montadora acabou se

A linha de produtos Willys foi diversificada com o lançamento do pequeno Dauphine.

Coral Willys, formado por funcionários da empresa.

transformando em fábrica de automóveis. O acontecimento foi noticiado pela edição de abril de 1955 da *Revista de Automóveis*, que continha o trecho "Um grupo de firmas nacionais: Agromotor, Gastal, Willys-Overland do Brasil e um grupo norte-americano, Kaiser Motor Co. e Willys Motors Inc., estudam nova fábrica em São Paulo. Pretendem construir 20.000 Jeeps e 5.000 automóveis Willys. Deverá ter 55 por cento de ações ordinárias o grupo nacional, e 45 por cento, o internacional".

Em 1957, foi fechado um acordo no qual 15 por cento do capital da Willys do Brasil teria a participação da Renault francesa, que poderia transferir tecnologia e iniciar a fabricação de modelos, como no caso do lançamento do Dauphine em 12 de novembro de 1959. Nesse ano, a Renault possuía 10 por cento do capital da Willys-Overland do Brasil, enquanto 35 por cento pertencia à Kaiser e 55 por cento era distribuído entre acionistas brasileiros.

Mas uma empresa não é feita só de números e máquinas... Antigos funcionários afirmam que o relacionamento entre os diretores americanos e os funcionários brasileiros era muito bom e que a Willys era uma empresa muito boa para se trabalhar. As relações trabalhistas da empresa apresentavam alguns diferenciais para a época, como assistência médica e jurídica aos seus empregados, ambulatório, transporte, restaurante, além do *Noticiário Willys*, do Willys-Overland Esporte Clube, da chácara Willys (hoje conhecida como chácara da Ford), das festas de fim de ano com distribuição de presentes (até importados) para os filhos dos funcionários e de um coral integrado pelos mais diversos escalões hierárquicos da empresa. Um longo artigo sobre os avanços da indústria automobilística nacional publicado na revista *Seleções* em 1966 destacou que a Willys possuía um programa que auxiliava os funcionários a adquirirem um automóvel da marca, com 2.000 empregados beneficiados até aquele momento.

Em setembro de 1952, Hickman Price Jr., sobrinho de Joseph W. Frazer, havia

A direção da Willys era composta, entre outros, por Hickman Price Jr., diretor superintendente (à esquerda), e William Max Pearce, diretor industrial (à direita).

pedido demissão da Kaiser, onde era o tesoureiro, e aceitou um convite de Ward Canaday para trabalhar na Willys-Overland do Brasil. Ele esperava que o anúncio de sua demissão e a proposta de ir para o Brasil seria mal recebida pelos Kaiser, mas Edgar Kaiser dissera apenas "um dia nós poderemos comprar a Willys e seria bom que você já estivesse por lá para saber como as coisas vão indo". A Kaiser comprou a Willys em menos de seis meses. Em 1958, a Willys tinha Hickman Price Jr. como diretor superintendente e William Max Pearce como diretor industrial e a diretoria era composta por americanos e brasileiros. Entre os últimos, Antônio Sylvio Cunha Bueno destacava-se ao viajar pelo Brasil e reunir amigos e conhecidos a fim de tratar da venda das ações da Willys. O papel do brasileiro é ilustrado pelo relato de Hickman Price Jr.: "Cunha e eu visitamos todos os estados brasileiros, e ele me ajudou a compreender o país e sua gente. Portanto, eu aprendi a amar o Brasil através de seus olhos".

Em janeiro de 1955, a produção de Jeeps da Willys-Overland do Brasil já havia alcançado 6.000 unidades, com 30 por cento de nacionalização. No ano seguinte, a station wagon foi lançada no Brasil com o nome Rural. A frente do modelo foi redesenhada em 1961, com base nas

A perua Rural, lançada em 1956, foi o segundo veículo produzido pela Willys-Overland do Brasil.

mesmas linhas usadas por Brook Stevens no protótipo Saci, no Aero-Willys e, posteriormente, nos primeiros modelos do Corcel (como pode ser notado no desenho da grade e do capô das primeiras unidades). Mesmo com todas as novidades, o Brasil continuava a receber modelos lançados nos Estados Unidos havia mais de dez anos.

Outra ocasião de destaque no desenvolvimento da Willys do Brasil foi a produção do primeiro motor a gasolina para automóveis de passeio do Brasil, em 31 de janeiro de 1958. Pouco tempo depois, em 7 de março de 1958, foi inaugurada a nova fábrica de motores da Willys, com a presença de autoridades como o então presidente Juscelino Kubitschek e diversos ministros de Estado. A frase "Fundido

À direita, acima: fundição de motores em Taubaté. À direita, abaixo: moderno setor de usinagem.

A fábrica de eixos e transmissões (à esquerda) e o setor de estamparia (à direita) eram considerados os mais modernos da America Latina.

em Taubaté" estampada nos coletores de admissão dos motores Willys indicavam que a empresa já possuía fundição própria naquele momento.

Entre os diversos plano que a Willys tinha para o Brasil, havia um projeto para a produção de tratores leves. Apresentado para o Geia (Grupo Executivo da Indústria Automobilística, criado por Juscelino Kubitschek), o projeto foi aprovado, mas nunca foi posto em prática. No final dos anos 1950, a empresa também criou a própria fábrica de eixos e transmissões e adquiriu a IRFA – Indústrias Reunidas Ferro e Aço (RJ) para a fabricação de peças para o Jeep. Essas e outras ações possibilitaram a exportação dos primeiros motores para os Estados Unidos já em 1959.

Outro grande feito da Willys-Overland do Brasil foi o auxílio prestado ao pequeno fabricante de mancais para rolamentos Sebastião Fumagalli, que na época fabricava um número limitado de rodas para carros importados. Tudo começou quando um diretor da Willys o procurou em sua oficina em Limeira, no interior paulista, e solicitou uma amostra de rodas para jipe. Fumagalli fez então quarenta viagens de ônibus entre Limeira e São Bernardo, durante nove meses, carregando sob o braço um protótipo de roda, pois o produto era invariavelmente recusado. O acerto ocorreu na 41ª tentativa, quando Fumagalli recebeu da Willys o pedido de quinhentas rodas. Fumagalli percebeu que, em suas pequenas instalações de Limeira, ele levaria anos

A Willys investiu maciçamente na rede de concessionários em todo o Brasil.

para atender tal encomenda. A Willys então decidiu recompensar a força de vontade de Fumagalli com apoio moral e financeiro para a montagem de uma pequena mas moderna fundição. Desde então, Fumagalli se tornou o conhecido nome do principal fabricante de rodas do Brasil algum tempo depois.

A VENDA PARA A FORD

A venda da Willys para a Ford ocorreu em 1967, contrariando afirmações do gerente-geral da Ford do Brasil J.C. Goulden, que havia negado boatos de que a empresa para a qual trabalhava fosse adquirir o controle acionário da Willys. Pouco tempo depois de seu depoimento, uma notícia em abril de 1967 revelou que a Ford Motor Company dos Estados Unidos havia comprado as ações da empresa que pertenciam à Kaiser Jeep Corporation (35,75 por cento) nos Estados Unidos e as ações da Régie Nationale des Usines Renault (12 por cento) na França, tornando-se consequentemente proprietária da Willys-Overland do Brasil S. A. O *Jornal da Tarde,* do grupo *O Estado de S. Paulo*, confirmou o ocorrido em sua edição de 13 de abril de 1967 com a chamada "Ford agora é dona da Willys" e informou em 27 de julho que as ações adquiridas eram formadas por 35,75 por cento da Kaiser Jeep Corporation, 12 por cento da Renault e o restante diluído entre acionistas brasileiros em bolsa.

A revista *Mecânica Popular* de junho de 1967 publicou, após o anúncio da venda da Willys em abril, uma entrevista de William Max Pearce enumerando diversos planos da empresa, como a ampliação da ferramentaria e da fundição em Taubaté, que também seria modernizada, além da construção de um prédio de 5.400 m^2. Também foram citadas a compra da São Francisco S. A. Máquinas e Ferramentas em 1966, para a fabricação de peças usinadas; o lançamento do "M" (futuro Corcel); a crescente produção em Jaboatão e a instalação do Centro de Pesquisas do Automóvel, onde os departamentos de Engenharia, Engenharia Experimental, Estilo e Laboratórios seriam reunidos. Ainda anunciou que haveria novos investimentos da ordem de 44 milhões de cruzeiros novos, além de 12 milhões de dólares.

O negócio foi bom para todos: tanto para a Ford, que queria crescer no Brasil e comprou uma empresa com uma rede de assistência pronta, quanto para a Kaiser, que não pretendia investir em desenvolvimento tecnológico para acompanhar a crescente concorrência no mercado automobilístico brasileiro e poderia aproveitar o dinheiro da venda na produção dos Jeeps em 32 países. A Ford ainda herdou da Willys-Overland o já adiantado Projeto M e decidiu concluí-lo, o que culminou na bem-sucedida linha Corcel lançada pela Ford.

Em 1995, William Max Pearce e o autor José A. Vignoli conversaram sobre a previsão que a Willys fazia da concorrência que enfrentaria na época da compra pela Ford. O ex-presidente afirmou que a empresa estava preparada para continuar crescendo, tendo em vista o sucesso previsto para o "M" (Corcel). Uma carta publicada na revista *Visão* em março de 1967 demonstrou que em grandes corporações nem sempre os executivos das subsidiárias estão informados sobre as decisões da matriz. O texto era uma verdadeira despedida com o resumo das atividades da empresa, reproduzido abaixo na íntegra, por se tratar de um testemunho vibrante do posicionamento da companhia às vésperas de sua venda.

Propaganda veiculada nas revistas em 1967, apregoando que a chegada da Ford era para somar. Será que o consumidor acreditaria?

Em 1954 havia muito trabalho, e o Brasil precisava de um veículo forte e valente. Surgiu, então, o primeiro jipe brasileiro. Com tração nas quatro rodas, para dar o dobro de tração, o dobro de segurança, o dobro de eficiência, o dobro em confiança. Abriram-se caminhos onde não havia nada: o Jeep estava lá. E estradas onde só havia caminhos. O Jeep estava lá, como ainda está hoje, onde quer que haja trabalho duro para um veículo resistente e versátil. O Jeep pioneiro testemunhou a realidade da jovem indústria automobilística nacional.

Em 1959 veio outro veículo forte, para o trabalho e para levar ao passeio quem com ele trabalhasse: a Rural. Com tração nas quatro rodas, para enfrentar qualquer terreno. Qualquer tempo.

Enquanto isso, nas cidades muita gente queria um carro realmente econômico, prático, de pequeno custo, que muitos pudessem ter. A Willys lançou o Renault. Era 1959 também.

Em 1960 foi a vez do carro maior, com espaço e conforto para seis pessoas, o Aero-Willys.

Estávamos em 1960 ainda. No campo e na cidade o transporte rápido de cargas leves e médias requeria um veículo robusto, mas ágil e de baixo custo no preço e na manutenção. Veio a pickup Jeep, com tração em duas rodas. Que foi seguido, em 1961, pela pickup Jeep com tração nas quatro rodas.

Em 1961, mais um carro, o Interlagos, carro esporte autêntico que a Willys pioneira deu ao Brasil.

Em 1962, um novo carro. O mais econômico. Bonito. Aperfeiçoado. Resistente. Com motor Renault de 40 cv. O Gordini, hoje Gordini III, campeão mundial de resistência, recordista internacional de tempo e distância.

E o carro de luxo? Em novembro de 1965, chegou o Itamaraty. Um ano depois, mais classe e mais luxo com a limusine Itamaraty Executivo.

Ano passado a Willys produziu 63.942 veículos, superando seu próprio recorde de 1962. A Willys, com essa produção, crescera 18,8 por cento sobre 1965.

A Willys já lançou mais de 420.000 veículos, que estão rodando pelo Brasil inteiro. Tudo começou em 1954, quando nasceu o primeiro jipe brasileiro, o mesmo jipe que hoje também é fabricado em Jaboatão, Pernambuco, onde está a primeira fábrica de automóveis do Nordeste. A Willys-Nordeste começou em 1966 e se prepara para ampliar sua linha com a produção do pickup Jeep e da Rural.

Com sete carros de passeio e utilitários em dezenove versões, a Willys tem a maior linha de produtos da indústria automobilística brasileira. Um veículo para cada tarefa, para cada gosto. Cada um retrata um aspecto do progresso nacional, mostrando, nas ruas e nas estradas, nas fazendas e nas construções, e nas pistas dos autódromos, como o Brasil progrediu nos últimos doze anos.

Mas o Brasil não vai parar.

Nem a Willys. Que continua crescendo no mesmo ritmo. Realizando novos investimentos. Planejando novos veículos. E aperfeiçoando ainda mais os já existentes.

Willys-Overland.

Fabricante de veículos de alta qualidade.

O ano de 1967 foi marcado pela compra de várias empresas de automóveis pioneiras no país, resultando na modernização da indústria automobilística brasileira e dos produtos oferecidos. A linha Chambord da Simca e os carros da Vemag simplesmente desapareceram, mas as características da linha Aero-Willys e Itamaraty e sua forte presença no mercado permitiram sua sobrevivência durante algum tempo.

S.BERNARDO DO CAMPO · SP
67-53-89

CAPÍTULO 3

A EVOLUÇÃO DOS MODELOS

1960 – O AERO-WILLYS BRASILEIRO

No final dos anos 1950, a Willys planejava o carro que seria fabricado para os mercados brasileiro e europeu, com a intenção de aproveitar o ferramental americano pré-existente. Para o Brasil, pensou-se inicialmente na possibilidade de se basear nas matrizes do Plymouth 1955 para a fabricação de um modelo médio, mas, como a Willys do Brasil já fabricava motores de 90 cv (o Plymouth exigia 27 cv a mais) desde 31 de janeiro de 1958, a adaptação de toda a linha de produção seria necessária. Por isso, a montagem desse tipo de veículo tornou-se economicamente inviável no Brasil e acabou-se optando pelo modelo que hoje conhecemos.

Em 25 de março de 1960, foi lançado o Aero-Willys brasileiro.

Em 25 de março de 1960, foi lançado no Brasil o Aero-Willys, um modelo de quatro portas e índice de nacionalização de 85,34 por cento. Como a imprensa especializada já havia adiantado, o modelo era muito parecido (na verdade era o mesmo automóvel) com o Aero Wing americano, mas trazia alguns detalhes externos do Willys Custom, como a grade dianteira, as lanternas, os frisos e as calotas. O estofamento, fabricado pela própria Willys, era de ótima qualidade.

Como em boa parte dos veículos daqueles tempos, o banco da frente era inteiriço e permitia levar, além do motorista, dois passageiros. O painel era simples e possuía um único instrumento circular, que englobava velocímetro, hodômetro total com marcação de centenas de metros, indicador de gasolina, termômetro de temperatura do motor, além de quatro luzes-espia que marcavam carga da bateria, pressão de óleo, farol alto e indicador de direção.

Tendo em vista as péssimas condições das ruas e estradas brasileiras, a mecânica do Aero-Willys era focada na resistência,

Na primeira propaganda do Aero-Willys brasileiro foi usado um Aero Custom americano (veja os emblemas na lateral e na frente), por causa da semelhança entre eles.

garantida pelo mesmo conjunto mecânico que equipava o Jeep Universal. O robusto motor de seis cilindros em linha de 2.638 cm^3 desenvolvia 90 cv a 4.000 rpm, com taxa de compressão 7,6:1, câmbio de três marchas à frente (chamado universal), com a primeira não sincronizada. Era o motor mais simples da época, com válvulas de escapamento no bloco e de admissão no cabeçote, que funcionava bem em baixas rotações, mas perdia eficiência quando o motorista mantinha altas velocidades por muito tempo. O mesmo ocorria com os freios, que vinham com tambor nas quatro rodas. Para garantir uma adequação à realidade brasileira ainda melhor, a suspensão era composta pela dianteira independente com molas helicoidais

Fig 4 - Instrumentos

1 — Velocímetro.
2 — Indicador de luzes dos faróis.
3 — Indicador de carga da bateria.
4 — Indicador de temperatura.
5 — Indicador das luzes de direção.
6 — Indicador de pressão de óleo.
7 — Indicador de gasolina.

À esquerda, o interior, que podia transportar até seis passageiros. À direita, o painel de instrumentos, com um único mostrador.

(comum nos carros do pós-guerra) e pela traseira com eixo rígido e feixes de mola. Tudo indicava que o Aero-Willys não fora projetado para correr, mas iria bem longe.

Depois de muitos testes, reforços tornaram a carroceria 160 kg mais pesada, com 1.440 kg. O Aero-Willys alcançava 120 km/h, com aceleração de 100 km/h em 24,4 segundos e 120 km/h em 40,1 segundos. O consumo a 80 km/h era de 9,7 km por litro, de acordo com os dados da revista *Mecânica Popular* de dezembro de 1960. Apesar de ser um projeto consideravelmente antigo, apresentava perfil aerodinâmico, grandes áreas envidraçadas e cofres do motor e porta-malas mais baixos que os para-lamas. Além do espaçoso porta-malas, acomodava seis pessoas com relativo conforto. A falta da lâmpada e do acionamento no interior da lente branca das grandes lanternas traseiras tornava ausente a luz de ré.

O robusto motor de seis cilindros do Aero-Willys.

A lanterna traseira tinha a lente branca embaixo, só que não havia luz de ré dentro. O porta-malas era amplo o suficiente para a bagagem de toda a família.

A defasagem da esmagadora maioria dos automóveis que rodavam em vias brasileiras se comparados aos do mercado mundial tornava o sedã de quatro portas Aero-Willys inovador. Carros mais modernos chegavam ao país apenas como "bagagem" de viajantes ou por funcionários públicos, revendidos por aqui com preços elevados. Mesmo que a versão brasileira não tivesse os equipamentos dos últimos modelos americanos – como overdrive, direção hidráulica, motor mais forte (fabricado pela Kaiser), câmbio automático etc. – ela foi bem-aceita no mercado nacional.

Uma publicação inglesa de 1963 sobre carros de todo o mundo mencionou que o Aero-Willys brasileiro era produzido com desenhos que tinham mais de dez anos. Vale ressaltar que seu desenho não era muito diferente dos automóveis médios europeus da época, que ainda

O Aero-Willys podia vir com a carroceria monocromática ou no padrão "saia e blusa".

traziam traços muito conservadores se comparados com os modelos americanos da época. Os moldes usados em nossa versão eram de um automóvel do início de década de 1950, com adaptações necessárias para suportar as estradas e a gasolina de baixa octanagem que se comercializava no Brasil.

1961 – PLANOS PARA O FUTURO

Organizado na Bienal do Ibirapuera em novembro de 1961, o 2º Salão do Automóvel de São Paulo teve como uma de suas maiores atrações o lançamento de um veículo da Willys que não tinha qualquer relação com os Aeros. Baseado no Alpine francês, o esportivo Willys foi batizado no Brasil com o nome Interlagos, em homenagem ao autódromo e indicando as pretenções esportivas do modelo. Até onde se sabe, foi o primeiro carro nacional construído com carroceria de plástico reforçado com fibra de vidro e teve três versões: berlineta, cupê e conversível.

Naquele ano, a diretoria da Willys decidiu acrescentar modificações ao Aero-Willys apenas em 1962, além de apresentar um novo sedã ao mercado em 1963. O futuro Aero-Willys passou a ser desenvolvido em fevereiro de 1961 com base

Maior novidade no Salão do Automóvel de São Paulo de 1961, o esportivo Willys Interlagos.

TAXI
LIVRE

nos desenhos de 1957 do estilista Brook Stevens para um Willys americano que acabou nunca saindo do papel. O projeto, batizado internamente de 213, passou então a ser atualizado por engenheiros brasileiros e receberia o "sobrenome" 2600.

Durante o quase um ano e meio em que foi concebido, muitos funcionários da empresa ouviam rumores sobre o número 213, mas a maioria deles só saberia do que realmente se tratava nas vésperas do lançamento. Apenas os funcionários ligados ao departamento de Estilo tinham acesso ao projeto, que era segredo absoluto.

À esquerda: com sua mecânica altamente resistente, o Aero-Willys ganhou a simpatia dos taxistas. Embaixo: estande da Willys no Salão do Automóvel de 1961.

O PROJETO 213

Após o aval da diretoria em fevereiro de 1961, um novo Aero-Willys começou a ser criado pelo departamento de Estilo, liderado pelo jovem e competente Roberto Araújo, um paulista formado em arquitetura pela Universidade de Columbia em 1956. Na época, o departamento funcionava em uma pequena sala e era composto por ele e pelo desenhista Valter da Cunha Brito, o suficiente para as exigências dos produtos da empresa até então. Com o desenvolvimento do Projeto 213, o departamento de Estilo passou por um rápido desenvolvimento e chegou a ocupar todo o prédio 10 da fábrica, contando com quinze funcionários.

Na época, os profissionais da área tinham como principais instrumentos de trabalho prancheta, papel especial para desenho, cartolina, lápis, tinta e muita criatividade. Foram feitos aproximadamente oitocentos desenhos das mais variadas frentes, traseira, lateral, painel etc., até chegar a um que fosse aprovado por toda a diretoria. Após a aprovação do desenho, um carro em escala 1:4 começou a ser modelado em argila, para

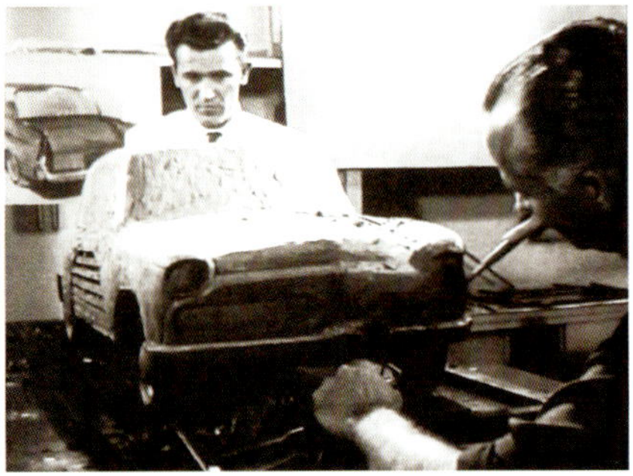

Ao lado: o Aero-Willys 2600 começou a "nascer" no papel. Centenas de desenhos foram feitos até chegar ao modelo definitivo, inspirado no estilo criado pelo estilista Brook Stevens. À direita: os estilistas avaliam o modelo pronto para depois iniciar a construção do modelo em argila, na escala 1:4.

depois chegar a um modelo mais definido feito em plástico e pintado. Essa miniatura possibilitava a observação em três dimensões, dando uma ideia mais precisa do que a que já se tinha com o carro ilustrado em papel. Depois de uma longa avaliação da miniatura feita pelos técnicos, que anotaram nele várias modificações, foi construído um modelo em tamanho real feito de argila apelidado de Clay.

Para essa etapa, era necessário começar com uma armação de madeira, que recebia posteriormente uma cobertura de isopor para segurar a argila. No lugar dos vidros era usado papelão preto, e a carroceria era pintada com a tinta oficial. Aí entrava em cena os modeladores, que trabalhavam a argila do protótipo na escala 1:1 para deixá-lo parecido com o carrinho menor e já com as devidas modificações. Maçanetas, retrovisores, lanternas e todas as outras peças menores eram modeladas a mão, normalmente em material plástico, e as partes cromadas recebiam uma camada de papel alumínio importado, próprio para isso, que depois de colado ficava muito parecido com o original. O meticuloso trabalho dos profissionais havia criado uma réplica tão perfeita que parecia ser o próprio carro.

Protótipo moldado em barro, em tamanho natural, apelidado de Clay: uma etapa importante do projeto.

A preparação desse protótipo era uma das principais etapas do projeto, pois a partir dele todos os departamentos da fábrica entravam em ação. Após concluído, todas as medidas do carro eram tiradas pelo departamento de Manufatura para que pudessem ser feitas as ferramentas para a linha de produção propriamente dita, como prensas de lataria e de para-choques, assim como a fabricação de detalhes como calotas, frisos, tapeçarias etc. O modelo de argila em tamanho natural servia para garantir que a produção de cada uma dessas peças fosse viável.

O processo de construção de ferramentas, que possibilitaria o início da produção das partes do carro em série, corria paralelamente ao trabalho de outros profissionais da área de Engenharia Experimental, que tinham a missão de construir um protótipo igual ao de argila, só que agora operacional e com os materiais para a produção em escala, como aço, outros metais, plásticos, borrachas etc. Totalmente feito a mão, esse seria apenas o primeiro dos nove protótipos construídos do Projeto 213 antes do seu lançamento.

A última etapa do projeto era a construção de protótipos com chapa de aço e mecânica, muito parecido com o carro que em breve seria produzido.

Para garantir que o novo Aero-Willys fosse mais veloz que o antigo, alguns carros eram exaustivamente testados na Serra do Mar e no litoral paulista – tratava-se do Aero 63 disfarçado. O objetivo desses testes era aperfeiçoar a já conhecida mecânica e, consequentemente, a velocidade final e a aceleração do veículo.

Em outra área, uma equipe cuidava da parte interna do carro, selecionando as cores, o desenho e o material das forrações e dos bancos, assim como o desenho final do painel dos instrumentos. O painel, depois de devidamente aprovado, foi modelado a mão e incorporado ao protótipo. Sobre essa etapa do projeto o engenheiro Marcos Mello conta que William Max Pearce foi chamado para ver o primeiro modelo de metal e, ao entrar no departamento, comentou que o para-brisa estava tão próximo do teto que era possível ver o forro interno. Não ficou para ver o trabalho e a equipe se deu conta que o comentário fazia sentido. Tiveram que refazer a capota antes de chamar o presidente novamente.

Em meados de agosto de 1962, três protótipos já haviam sido preparados pela engenharia experimental, com a carroceria, a mecânica e os acessórios oficiais, muito próximo ao carro que em breve entraria na linha de produção. Esses protótipos saíram da fábrica cobertos e transportados num reboque na calada da noite para uma cidade do interior, onde ocorreriam secretamente os últimos e exaustivos testes. O novo Aero-Willys consumiu aproximadamente 175.000 horas de trabalho, tarefa que exigiria mais de vinte anos para ser concluída se fosse realizada por um único funcionário. Com certeza todo esse trabalho valeria muito a pena, já que o Aero 2600 foi um marco na história da indústria automobilística nacional e provou a grande capacidade do profissional brasileiro em criar algo novo, e não apenas continuar o que já era feito fora do país.

1962 – MODIFICAÇÕES BRASILEIRAS

Enquanto o Aero-Willys 2600, chamado internamente de Projeto 213, estava sendo desenvolvido, a Willys apresentou no salão uma versão aprimorada do Aero-Willys. Além de ter sofrido algumas modificações estéticas, o modelo recebeu diversas melho-

O novo Aero-Willys 1962 ganhou novas rodas e novas calotas. O friso passou a ser reto e não possuía mais a pintura "saia e blusa".

rias técnicas que intencionavam adequá-lo em 1962 às condições impostas pelo mercado. A revista *Quatro Rodas* listou 32 modificações, como novas rodas perfuradas, para melhor refrigeração dos tambores de freio; novas calotas; novos frisos retos que envolviam toda a lateral; novos frisos nas molduras das janelas; nova fechadura do porta-malas; além da pintura da carroceria em um só tom, agora não mais no estilo "saia e blusa" (parte de cima numa cor e de baixo em outra), com novas cores. No capô, o friso e o ornamento foram eliminados. Com todas essas modificações, o Aero-Willys deixou de ser visualmente uma cópia fiel do modelo americano. Foram mantidas as lentes traseiras de luz de ré que não acendiam e cumpriam apenas função decorativa.

O painel foi ligeiramente modificado: os botões passaram a ocupar novas posições e o cinzeiro vinha instalado no alto do painel.

As novidades se extendiam ao interior do carro, que vinha agora com distribuição diferente dos botões do painel e do rádio e com uma placa para cobrir o espaço para o rádio, que era um opcional. O novo cinzeiro migrou para o topo do painel de instrumentos, que passou a ser estofado, aumentando a sensação de segurança a impactos. Nessa época, o cinto de segurança era um acessório raramente utilizado ou mesmo comentado. Os botões das manivelas de comando dos vidros e a forração dos bancos e das portas foram redesenhados. Já a parte exposta

O ornamento do porta-malas foi eliminado, deixando a traseira mais "limpa".

da alavanca de mudanças, o suporte da coluna de direção do painel e o suporte dos para-sóis passaram a ser cromados.

Os ocupantes do banco de trás ganharam mais conforto com o aumento do espaço para as pernas e com a reentrância na parte posterior do encosto do assento dianteiro. O mesmo encosto recebeu dois úteis porta-objetos e um grande cinzeiro central, no lugar dos dois pequenos do modelo anterior, que ficavam nas extremidades. Para evitar que os passageiros mais altos batessem a cabeça no teto, houve uma redução da altura do banco traseiro.

Mecanicamente houve poucas alterações: reposicionamento da bobina, novo sistema de escapamento, nova montagem do freio de mão e aperfeiçoamento da freada com a melhora na ventilação dos tambores graças aos orifícios nas rodas, que usavam novos pneus 6.00/6,40-15, e com a instalação do "Duo Servo" nos freios dianteiros, com as duas sapatas sendo primárias e autoenergizantes.

À direita, o antigo Aero-Willys e, à esquerda, o Aero-Willys 1962, mais moderno.

1963 – EIS O 2600

Após muita espera e expectativas, o Aero-Willys 2600 foi apresentado num evento realizado na própria fábrica em São Bernardo do Campo em setembro de 1962, exclusivamente para a imprensa e personalidades da época, como o lutador de boxe Éder Jofre, o jogador de futebol Pelé e a então Miss Brasil Maria Olívia Rebouças. Tudo fazia parte de uma bem-organizada jogada de marketing, pela qual o público brasileiro conheceu o carro através de fotos publicadas nas capas das principais revistas especializadas do país, que traziam em seu interior grandes reportagens sobre o modelo. A *Quatro Rodas* dedicou catorze páginas da edição de outubro de 1962 para contar o histórico do projeto, desde a concepção até sua finalização. A importância dada ao modelo se deve ao fato de sua construção ter sido realizada inteiramente no Brasil, apesar de ter como base um desenho importado. Curiosamente, a primeira exposição do Aero-Willys 2600 ocorreu no Salão do Automóvel de Paris em 4 de outubro 1962 e não no Brasil. Os brasileiros só foram apresentados ao modelo no terceiro Salão do Automóvel em novembro de 1962.

A primeira aparição pública do Aero-Willys 2600, no Salão do Automóvel de Paris em outubro de 1962.

No Salão do Automóvel que ocorreu no Brasil em novembro de 1962, o público se encantou com o novo Aero-Willys 2600, a maior vedete do evento.

Oficialmente um carro de ano-modelo 1963, o Aero-Willys 2600 é um dos automóveis mais importantes da história da indústria automobilística brasileira até hoje por ter sido o primeiro veículo nacional com projeto inovador. Antes dele, todos os carros fabricados no Brasil vinham com o projeto praticamente pronto do país de origem, limitando o trabalho dos projetistas brasileiros a apenas alguns detalhes que alinhassem o produto com o mercado nacional ou que apresentassem alguma novidade, como a modificação de algum friso, lanterna ou decoração interna, pequenos detalhes que o diferenciassem do carro da matriz. Esse processo voltou com força total tempos depois (por exemplo, o Corcel, os Volkswagens SP e Brasília), mas rareou com a globalização da produção de automóveis.

Apesar da inspiração nos desenhos do estilista Brook Stevens, o Aero-Willys 2600 não deixa de ser uma grande realização do departamento de Estilo da Willys, que executou uma profunda reestilização sobre um modelo já existente de forma inédita. Foi quase como se projetasse um carro do zero, com todas as dificuldades que essa nova empreitada impõe. Um leigo podia não perceber, mas cabe lembrar que o capô, a tampa do porta-malas e as portas (incluindo as maçanetas) eram os mesmos usados nos modelos 1960/1962.

O princípio estrutural do novo Aero-Willys era o mesmo do modelo anterior, mas o visual de sua carroceria era totalmente novo, com linhas mais retas e estilo modernizado. Com o aumento do para-brisa, que ficou mais curvo, e com o aumento da amplitude e retidão do vidro traseiro, que ficava ligeiramente embutido entre as colunas traseiras, a visibilidade melhorou. A ventilação dos freios também

O novo Aero-Willys 2600, o primeiro carro projetado por brasileiros, um importante passo na história da indústria automobilística nacional.

Brook Stevens (à esquerda) e Roberto Araújo (à direita) apresentam orgulhosamente o Aero-Willys 2600.

se tornou maior com o novo desenho das rodas e das calotas, e a abertura das portas em um ângulo maior melhorou a acessibilidade dos passageiros. O resultado final foi criticado pelos jornalistas da *Quatro Rodas,* que definiram o desenho como um "toque intangível de desarmonia", com a frente lembrando a do Pontiac Tempest, as laterais semelhantes as do Simca e a traseira que parecia ter sido inspirada na do Mercedes 220.

Ao contrário da *Quatro Rodas*, a *Mecânica Popular* gostou do conjunto, das vistas lateral e traseira, do estofamento, do acabamento interno, do tamanho do porta-malas, do maior ângulo de abertura das portas, do novo painel de jacarandá, do cinzeiro com acendedor de cigarros embutido, dos faróis, do novo sistema de ventilação (era opcional a ventilação forçada), além do aumento da potência com a nova carburação dupla. A substituição da abertura externa do capô pelo comando interno também foi aprovado. O que não agradou foi a vista dianteira com as pestanas sobre os faróis e o acabamento em metal do vidro traseiro, onde o friso não dava toda a volta.

O tradicional motor de seis cilindros agora era alimentado por dois carburadores DFV 228 (Zenith 228) acoplados a um novo coletor de admissão, que lhe permitiu aumentar a potência para 110 cv a 4.400 rpm. Alterações na relação do diferencial, de 4,89:1 para 4,27:1 aumentaram a velocidade do carro ainda mais. Novas engrenagens helicoidais tornavam o câmbio mais silencioso. O compartimento do motor era iluminado por uma lâmpada cujo interruptor vinha no próprio soquete. Para evitar esquecer a luz do porta-malas acesa, ela só funcionava quando as lanternas também estavam ligadas. A luz do porta-luvas se acendia automaticamente ao abrir a tampa. Já a iluminação interna era boa, com duas lâmpadas, uma em cada lateral da coluna central. Cabe lembrar que tudo isso vinha em 6 volts com uma bateria de 100 Ah.

Duas grandes luzes de direção (pisca-piscas) circulares instaladas nas extremidades das novas grades cromadas da frente atuavam como lanternas de posição; os faróis tinham na parte superior as polêmicas pestanas, muito criticadas pela imprensa da época. O sistema de comando das luzes alta e baixa, agora acionado pelo pé esquerdo do motorista através de um interruptor no piso, era outra novidade do modelo. Como opcionais o Aero-Willys ainda oferecia ventilador interno, lavador de para-brisa, luz de marcha a ré (com a luz instalada na parte branca da lanterna traseira) e rádio com alto-falantes no painel e no porta-pacotes.

As pestanas dos faróis não agradaram muito, sendo alvo de críticas da imprensa especializada.

O painel era construído com placas compensadas de jacarandá-da-bahia encerado, composto por três grandes instrumentos de mesmo diâmetro, fundo preto e funções acopladas. O da esquerda vinha agora com o manômetro de óleo, além de

O painel de instrumentos foi totalmente redesenhado.

indicador de carga da bateria. O do meio trazia o velocímetro, com hodômetro total e a lâmpada-piloto do farol alto. Já o da direita vinha com o termômetro do motor e o marcador do nível de gasolina, com as indicações que fugiam do convencional, pois traziam "0, 2/4 e 4/4". Outras novidades foram o acendedor de cigarros dentro do cinzeiro localizado no painel; novo desenho do volante; reposicionamento das alavancas de câmbio e do indicador de direção para uma posição que permitia o acionamento sem que o motorista precisasse tirar as mãos do volante; limpador de para-brisa elétrico de duas velocidades e bancos redesenhados com várias cores disponíveis, sempre combinando com a cor externa.

Infelizmente o esforço da Willys em melhorar o desempenho do novo Aero-Willys não resultou em nada muito diferente do antigo. Com velocidade máxima em torno de 130 km/h, praticamente igual ao modelo anterior, só era superior em aceleração, precisando de 42 segundos para percorrer 1.000 metros, enquanto o antigo precisava de 43,4 segundos para vencer o mesmo percurso.

A revista *Popular Mechanics* enviou o repórter americano Jim Whipple para testar o novo carro e escrever uma matéria que seria publicada em todas as edições internacionais da revista, na qual ele destacou o trabalho realizado por estilistas locais em colaboração com o projetista americano Brook Stevens. Criticou a direção pesada, fato que o engenheiro-chefe da Willys, Frank Erdman, assegurou que já estava sendo resolvido com o desenvolvimento de uma nova. O tapete de borracha lhe chamou a atenção, mas com-

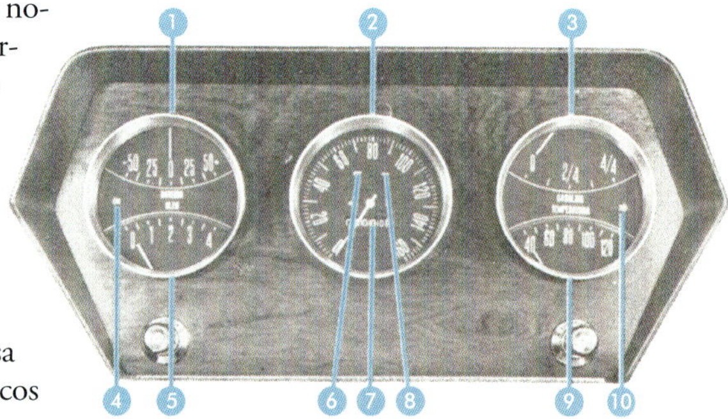

1 - Amperímetro
2 - Velocímetro
3 - Indicador do nível de combustível
4 - Lâmpada-piloto da luz de mudança de direção
5 - Manômetro de óleo
6 - Lâmpada-piloto do farolete
7 - Hodômetro
8 - Lâmpada-piloto do farol alto
9 - Termômetro
10 - Lâmpada-piloto da luz de mudança de direção

preendeu depois que o automóvel foi feito para as condições brasileiras.

Como era esperado, as vendas do Aero-Willys 2600 superaram durante o ano a marca de 14.000 unidades, um aumento de mais de 50 por cento em relação ao modelo anterior. Com a fila de espera nas concessionárias Willys após o lançamento, pode-se dizer que o Aero-Willys 2600 foi um sucesso. Os compradores tinham como opções de cor preto-bali, cinza-pérola, azul-jamaica, azul-meia-noite, verde-versailles e a única opção metálica, chamada de marrom-cordovan.

Acima: a traseira agradou muito, apesar do estilo rabo de peixe já estar um tanto ultrapassado. Ao lado: o Aero-Willys 2600 agradou o público consumidor e se tornou um sucesso de vendas.

1964 – MUDANÇAS ELÉTRICAS

Nesse ano, houve poucas alterações no visual do Aero-Willys, cujo friso lateral ao longo do veículo na parte traseira foi encurtado em 7,62 cm, a faixa branca dos pneus foi estreitada e ganhou novas opções de cor para a carroceria.

As maiores novidades foram mecânicas, com a mudança do sistema elétrico para 12 volts, com bateria de 21 placas, de maior potência e capacidade de carga. Também passaram a ser usados fios mais finos. O resultado era melhor iluminação, melhor funcionamento do motor de arranque e menor exigência do gerador e do platinado, que consequentemente duravam mais. O novo sistema de comando do acelerador possuía agora uma construção mais rígida e, com a instalação de uma haste para cada carburador, um comando mais preciso e sensível. Antes havia um cabo de aço acionando os dois carburadores pelo meio, o que deixava o pedal do acelerador pesado.

Friso lateral ligeiramente menor na parte traseira e faixas brancas mais estreitas nos pneus foram as mudanças visuais do Aero-Willys 1964.

À esquerda: o sistema elétrico passou para 12 volts, muito mais eficiente. À direita: em agosto de 1964 saiu da linha de montagem o Willys número 300.000, evento muito comemorado pela empresa.

Quanto à suspensão, o acréscimo de um elo nas molas dianteiras e o reforço da segunda lâmina do feixe de molas da traseira tornou-a mais firme. O veículo também teve uma ligeira melhora no rendimento graças ao aumento do diâmetro do cano de escapamento a partir do coletor.

O estofamento dos bancos foi trocado e agora era apresentado em diferentes cores, com material disponível em couro, vinil e tecido. As cores externas oferecidas eram o tradicional preto-bali, além de bege-marfim, cinza-grafite, azul-crepúsculo, verde-amazonas, azul-jamaica e marrom-metálico. Outra novidade estética foi a haste da alavanca de câmbio, agora cromada, mais bonita e durável.

Em agosto, o Aero-Willys número 300.000 saiu das linhas de montagem e recebeu uma placa de identificação, para depois ser sorteado entre os funcionários da fábrica. O ganhador foi um trabalhador do departamento de Ferramentaria, mas infelizmente não foi possível descobrir o paradeiro atual desse carro.

1965 – FOCO NA TRASEIRA

Com base nas críticas ao Aero-Willys 2600, a Willys fez melhorias específicas nos pontos fracos do modelo 1965, apresentado no 4º Salão do Automóvel em novembro de 1964, e o transformou mais uma vez numa das principais vedetes do evento.

Após descobrir que o ponto forte de vendas do Aero-Willys 2600 era justamente a traseira, o departamento de Estilo

O novo Aero-Willys 2600 foi a principal atração do Salão do Automóvel, em novembro de 1964.

da Willys decidiu encompridá-la, o que deu mais harmonia ao desenho do automóvel, e inverteu a posição das lanternas, que agora não lembravam mais os rabos de peixe, já um tanto fora de moda. Dessa forma, a tampa do porta-malas também foi redesenhada e recebeu a aplicação de um pequeno emblema "2600". A colocação de um novo para-choque com lâminas duplas e nova fechadura e a eliminação dos antigos frisos verticais tornou o conjunto traseiro ainda mais bonito. A traseira também ganhou espaço extra para bagagem com o novo formato.

A carroceria também teve mudanças no friso da lateral, que ficou mais fino e passou a terminar no emblema "Aero-Willys 2600" no para-lama traseiro. Também havia um pequeno friso que se iniciava na parte mais baixa da lanterna traseira e terminava próximo à caixa de roda.

A traseira perdeu os frisos verticais e, no lado direito, foi aplicado o emblema "Aero-Willys 2600".

A eliminação das polêmicas pestanas dos faróis foi outra modificação estética importante, tornando a frente do automóvel mais limpa e harmoniosa sem perder o traço de Brook Stevens. A carroceria

Em 1965, as polêmicas pestanas dos faróis foram eliminadas.

O novo formato das lanternas traseiras e os novos frisos laterais modernizaram o carro. O porta-malas também ficou mais espaçoso.

e os estofamentos também passaram a dispor de novas cores a partir desse ano, que podiam ser combinadas à vontade no ato da compra. As cores externas disponíveis eram: preto-bali, azul-crepúsculo, cinza-grafite, bordô, verde-metálico, verde-amazonas, azul-celeste e cinza-névoa. Na escolha com carroceria em dois tons (que voltou a ser oferecida), as combinações eram as seguintes: azul-crepúsculo com cinza-gelo, cinza-grafite com cinza-gelo, bordô com cinza-gelo, verde-amazonas com cinza-gelo e castor com cinza-gelo.

Em 1963, quando o Aero-Willys 2600 foi lançado, a Willys não havia desenvolvido o seu desempenho como prometera, mas agora o carro estava mais rápido e agradável de dirigir, com o novo câmbio de quatro marchas sincronizadas desenhado pelos engenheiros brasileiros. A instalação do equipamento acrescentou ao carro desempenho, tanto na elevação da velocidade máxima para 140 km/h, com aceleração de 0 a 100 km/h em 20 segundos, quanto na facilidade em vencer subidas íngremes, o que o colocava entre os carros de série mais velozes da época. Junto desse câmbio, apareceu pela primeira vez o botãozinho para liberação da trava, que impedia o engate involuntário da marcha a ré. Seu desempenho chegava muito próximo ao Simca Rallye, sedã com pretensão esportiva

O novo câmbio de quatro marchas aproveitava melhor a potência do motor, que agora elevava a velocidade do Aero-Willys a 140 km/h, muito boa para os padrões da época.

(o que o Aero-Willys nunca pretendeu ser), que atingia velocidade máxima de 148 km/h, com aceleração de 0 a 100 km/h em 16,5 segundos. Mesmo que os engates da nova caixa de câmbio fossem tão precisos que uma revista especializada o considerasse o melhor câmbio do Brasil, o antigo câmbio de três marchas ainda foi mantido como opcional.

A regulagem da suspensão dianteira foi modificada, mas foi mantida sua concepção independente com molas helicoidais, que eram auxiliadas por amortecedores telescópicos de dupla ação. A suspensão traseira também era equipada com esses amortecedores e ainda ganhou feixe de molas semielípticas progressivas, que deixavam o carro mais macio quando pouco carregado e aumentavam a resistência quando submetidas a peso. A adição de buchas de Teflon ao sistema de suspensão dianteira reduziu os pontos de atrito e, consequentemente, os barulhos, além de eliminar a necessidade de lubrificação. A instalação de tambores mais leves e mais bem refrigerados resultou no aperfeiçoamento dos freios.

Internamente, o assento dos bancos ficou mais baixo, com molas mais suaves, tornando a viagem mais confortável e evitando que a cabeça de passageiros mais altos encostasse no teto. O material do estofamento podia ser de couro liso ou perfurado, com tecidos de varias tonalidades. O comprador ainda podia optar por combinar as cores internas com as da carroceria. A altura dos pedais também foi reduzida, e o aro de buzina passou a ser inteiriço. A trava de direção passou a ser oferecida como opcional.

1966 – O LUXUOSO ITAMARATY

Esteticamente o Aero-Willys não sofreu nenhuma alteração, mas recebeu algumas melhorias na mecânica do motor como o ganho de novos anéis, novos pinos de pistão e buchas de comando de válvulas, que aumentavam a durabilidade e tornavam o funcionamento mais suave. A economia de combustível também aumentou com a nova regulagem do carburador. Mas a Willys estava preparando outra grande novidade para esse ano, como deixou claro a campanha publicitária de um novo carro apresentada a Mauro Salles.

O então jornalista (foi ele, por exemplo, quem testou o Aero-Willys 1960 para a revista *Mecânica Popular*), convidado pela diretoria da Willys para opinar sobre a campanha de lançamento do novo Aero-Wilys Luxo, desaprovou tudo o que havia sido apresentado, fazendo com

Por fora o Aero-Willys 1966 permaneceu inalterado, ganhando apenas algumas melhorias mecânicas. O carro da foto está equipado com teto de vinil e reforço tubular nos para-choques opcionais.

que Max Pearce o desafiasse a fazer uma nova campanha. Ao retornar, Mauro apresentou um novo nome, "Itamaraty", que remetia ao ambiente sofisticado do Palácio do Itamaraty do Rio de Janeiro, sede durante muitos anos do Ministério das Relações Exteriores, e que sugeria um lançamento diferenciado. O novo carro viria de fábrica com os outrora equipamentos opcionais, como rádio, estofamento de couro, estojo de ferramentas etc. A recompensa pelo bom trabalho de Mauro Salles veio sob a forma da conta do produto Itamaraty e de toda a Willys, principiando uma das maiores agências de publicidade do país até hoje.

O novo sedã Itamaraty era um automóvel de luxo baseado no Aero-Willys que tinha como público-alvo os consumidores de automóveis importados, o que ficava visível pelo aumento de seu luxo e conforto. O carro havia sido

A glamourosa festa de lançamento do Itamaraty no edifício Manchete ainda inacabado, no Rio de Janeiro.

construído com foco em alterações estéticas, com maior detalhe do acabamento, porque o Aero-Willys já havia recebido todo o aprimoramento possível desde o seu lançamento em 1960. Esse fato aliado à sua concepção antiga tornavam impossível maiores desenvolvimentos sem grandes investimentos, e a Willys resolveu investir em um público mais sofisticado, mas que estivesse procurando um automóvel de luxo a um custo um pouco menor. Na época, a oferta de carros de luxo era bem limitada e variava entre os caríssimos carros importados e os sedãs nacionais mais luxuosos, como o Simca Présidence e o FNM 2000, que tinham o porém dos problemas mecânicos e da pequena rede de assistência técnica disponível.

A fim de criar um novo carro, o departamento de Estilo da Willys acrescentou à dianteira uma nova grade prateada sem divisão no meio, com frisos horizontais percorrendo toda a frente; fez uma nova traseira com lanternas horizontais para combinar com a frente; bem como novas calotas com sobrearo cromado. Após um vistoso emblema "Itamaraty", um friso percorria toda a lateral da carroceria a partir do para-lama dianteiro. A excelente qualidade do acabamento também era visível pela presença de detalhes incomuns na maioria dos carros da época, como bom assentamento das borrachas,

O novo e luxuoso Itamaraty, novo carro da Willys para um público mais sofisticado. Com certeza um carro que marcou época.

bom colamento dos revestimentos e excelente impermeabilidade à chuva e ao pó. O macaco e um completíssimo jogo de ferramentas ficavam acondicionados no porta-malas, que, como o assoalho, era acarpetado. Uma generosa camada de revestimento acústico e uma manta eram aplicadas no capô e o tornavam o carro o mais silencioso do mercado brasileiro.

Ao manter a estrutura do Aero-Willys, o Itamaraty herdava o limitado espaço para as pernas dos passageiros do banco de trás. O automóvel compensava oferecendo diversos itens de luxo como equipamento de fábrica, como estofamento de couro com desenho exclusivo, rádio com dois alto-falantes, ventilador com duas velocidades, bolsas para jornais e pequenos objetos, apoio escamoteável para os braços no banco traseiro, além de acendedor de cigarros (o Itamaraty foi o primeiro carro nacional que o oferecia também para os passageiros). Outros opcionais que agora eram de série são pneus com faixa branca,

A nova frente e a nova traseira do Itamaraty com frisos horizontais.

luzes branca (de cortesia) e vermelha (de segurança) instaladas nas portas e acionadas quando eram abertas, luzes de leitura tipo avião e limpador de para-brisa elétrico com duas velocidades auxiliado pelo esguichador de água de acionamento manual. Os instrumentos do painel seguiam o mesmo esquema do Aero-Willys, mas vinham com o fundo branco, o que conferia um ar mais refinado ao conjunto.

Mecanicamente, o Itamaraty e o Aero eram praticamente idênticos e tinham o mesmo motor alimentado por dois carburadores e equipado com as mesmas melhorias (novos anéis, novos pinos de pistão, novas buchas do comando de válvulas), além de apresentar o mesmo o desempenho: velocidade máxima de 140 km/h, com aceleração de 0 a 100 km/h em 21 segundos. Quanto à suspensão, o Itamaraty apresentava maciez compatível com um carro de luxo graças à nova calibração, mas sua estabilidade foi um pouco prejudica-

Painel com instrumentos em fundo branco e luzes de leitura tipo avião eram detalhes sofisticados do Itamaraty.

da. Para o comprador do Itamaraty, isso não importava, pois ele esperava do carro conforto e sofisticação, e não desempenho esportivo.

Ambos os modelos tiveram como grande novidade técnica a troca do dínamo, que na época ainda equipava todos os carros nacionais, pelo alternador. Ambos os aparelhos produziam toda a energia elétrica utilizada pelo carro ao gerar uma corrente contínua que mantinha a bateria sempre carregada, mas a produção de eletricidade do dínamo era feita por um coletor de escovas pelo aproveitamento de energia mecânica, que acabava perdendo eficiência com a produção de faíscas geradas pelo atrito. Depois de algum tempo, a bateria não era totalmente carregada e a carga acumulada era insuficiente para movimentar o motor de arranque. Nessa hora, era comum fazer o motor funcionar "no tranco", um recurso pouco conhecido nos dias de hoje. A vantagem do alternador era que sua bateria recarregava mesmo em marcha lenta. A linha Willys foi pioneira na substituição do dínamo pelo alternador, que não só evitava a descarga da bateria como possibilitava maior uso de acessórios elétricos pela produção de energia mesmo em marcha lenta. Hoje, todos os carros vêm equipados de fábrica com o alternador.

Para promover o novo modelo, a Willys entregou no início de 1966 um dos primeiros Itamaratys para uso exclusivo do então presidente da República marechal Castello Branco um modelo de carroceria preta com forração interna cinza e luxo equiparável ao carro importado que ele substituiu, um Mercedes-Benz Classe S.

Foi o primeiro ano em que as vendas do Aero-Willys caíram, pois parte de seus consumidores migrou para o então bem vendido Itamaraty, resultando em crescimento da venda conjunta dos dois modelos. Mas Mauro Salles já antecipa-

Como estratégia de marketing, um dos primeiros Itamaratys foi entregue para uso da presidência da República. Repare a haste instalada no para-lama como porta-bandeira.

va tempos piores ao publicar em setembro de 1966 um artigo intitulado "Nosso automóvel tem futuro?". Mesmo tendo potencial para um grande crescimento no Brasil, a Willys não tinha como competir e se expandir em nível global.

1967 – AR-CONDICIONADO

Em 1967, constavam entre os produtos da Willys motores marítimos de seis e de quatro cilindros (Gordini), grupos de solda, geradores e unidades de força. A empresa também continuava a ser uma das mais importantes indústrias do país, com destaque no mercado automobilístico, que equivalia a grande parte das vendas da empresa e do qual participava com o Aero-Willys e o Itamaraty, que traziam excelentes novidades.

As lanternas traseiras do Aero-Willys nesse ano passaram a vir divididas em três, com os indicadores de direção separados das luzes de ré. A única modificação externa além dessa foi o para-choque traseiro levemente redesenhado. Internamente, passaram a ser oferecidos novos bancos de couro como opcionais, e o modelo vinha com um novo painel com seis instrumentos de fundo preto, um maior ao centro (velocímetro com hodômetro total e parcial), dois pequenos à direita (marcador de nível de combustível acima e termômetro do motor abaixo) e mais dois pequenos à esquerda (amperímetro acima e manôme-

Em 1967, o Aero-Willys ganhou novo para-choque e novas lanternas traseiras.

Novo painel, agora com cinco mostradores e a tradicional base de jacarandá.

tro de óleo abaixo). A única mudança mecânica foi o aumento da maciez na caixa de direção, o que se devia à mudança da desmultiplicação de 20:1 para 24:1, que também constava no Itamaraty.

Por falar no modelo Itamaraty, sua mecânica apresentava outras novidades, como o motor mais possante, de 3.014 cm³ e 132 cv a 4.400 rpm, com novo coletor de admissão que acomodava o novo carburador de duplo corpo fabricado pela DFV. Com a relação de compressão de 8:1, o carro atingia facilmente 145 km/h. O "novo" motor era indicado pelo discreto 3000 fixado na tampa traseira e havia se tornado mais silencioso graças à forração interna do capô.

Esteticamente, o Itamaraty passou a contar com nova grade dianteira (que mantinha formato que lembrava a frente do Aero-Willys) equipada com luzes direcionais (que também eram lanternas) retangulares de lentes na cor branca ou âmbar, novos frisos laterais que ajudavam a baixar o perfil, novas maçanetas, novas calotas e teto de vinil como opcional. Um adorno passou a enfeitar a ponta do capô do motor, bem como o emblema "Itamaraty" em letras separadas instalado logo abaixo.

Internamente, o painel foi reestilizado sem perder a base de jacarandá-da-bahia e a disposição dos instrumentos

À esquerda, o emblema "3000" indicava a nova cilindrada do motor do Itamaraty, assim como uma plaqueta aplicada no filtro do motor.

ITAMARATY

O Itamaraty ganhou nova grade, novos frisos laterais e novas calotas.

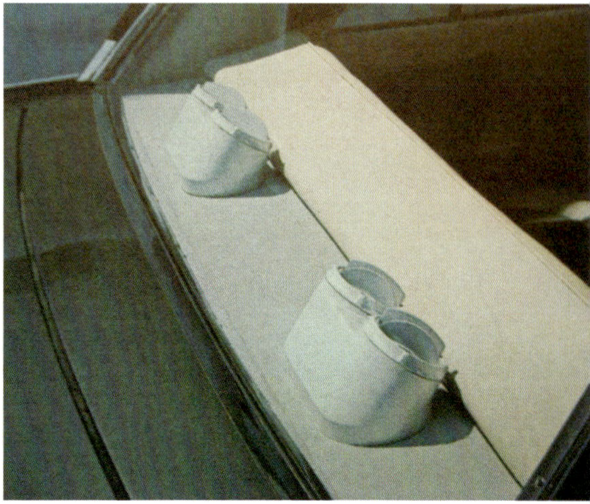

Detalhes do Itamaraty: à esquerda, o painel com instrumentos em fundo branco, novo volante e comando de luzes e ventilação com botões estilo aviação, logo abaixo dos mostradores. À direita, a saída do ar-condicionado atrás do banco traseiro.

do Aero-Willys, que agora vinham com os mostradores em fundo branco, além dos comandos de luzes e de ventilador no estilo aviação, com pequenas alavancas. O volante passou a apresentar um novo desenho de três raios e vinha com um conjunto cromado com detalhes em jacarandá que acionava a buzina em três pontos distintos. A sofisticação do novo modelo era ainda maior com o lavador do para-brisa acionado eletricamente (marca Trimol). O automóvel ganhava um toque de exclusividade ao vir com o luxuoso estojo de ferramentas cromadas.

O alternador também possibilitou a instalação exclusiva do aparelho de ar-condicionado como opcional, fazendo do Itamaraty o primeiro carro nacional a oferecer o acessório. Mas, como os difusores de ar ficavam no porta-pacotes, atrás do banco traseiro, e o carro não tinha vidros esverdeados nem isolamento térmico adequado para que o ar ficasse realmente fresco, o equipamento na prática não era tão eficiente. De acordo com dados da revista *Mecânica Popular*, a temperatura na cabine caía somente 2 °C em dias de sol, aumentando para uma diminuição de 10 °C em relação à temperatura exterior com o ar-condicionado ligado em dias de mormaço, sem sol.

Como o carro não havia sido originalmente projetado para ter ar-condicionado, a Willys teve que fazer algumas adaptações, como a mudança do compressor do espaço do cofre do motor, que dificultava uma simples troca de óleo, para embaixo do filtro de ar. A tubulação passava por baixo do carro até o porta-malas, com os sopradores instalados no porta-pacotes atrás do encosto do banco traseiro, beneficiando os passageiros sentados atrás. Por causa do calor oriundo do motor, o motorista e os demais ocupantes do banco da frente não eram plenamente beneficiados pelo novo acessório. O ar-condicionado era comandado por dois botões fixados embaixo do painel, bem no centro, sob o rádio.

AINDA MAIS LUXUOSO

No final de 1966, a Willys surpreendeu o mercado e os participantes do 5º Salão do Automóvel mais uma vez ao apresentar uma versão ainda mais sofisticada do Itamaraty, a limusine Executivo. O Executivo é a única limusine fabricada no Brasil em série até hoje, e sua carroceria era exclusiva, e não um simples alongamento da parte central do automóvel que lhe serviu de inspiração, o Itamaraty. Na

Exemplar da limusine destinada à presidência da República.

época, oito fabricantes no mundo comercializavam limusines originais de fábrica, e a Willys-Overland do Brasil entrava naquele momento para esse grupo tão restrito. A ideia de construir uma limusine veio da visão muito particular de William Max Pearce, presidente da Willys-Overland do Brasil, sobre a promoção dos produtos da empresa. Para dar prestígio à marca, foi construído um número limitado de limusines, associado à entrega de um modelo com características únicas para uso exclusivo do presidente da República durante o 5º Salão do Automóvel. Os outros exem-

plares serviriam a ministérios, governos estaduais e alguns poucos empresários.

Em entrevista para a *Quatro Rodas* de maio de 1966, Max Pearce dissera que a produção de um veículo destinado a pessoas importantes do governo, do mercado e a grandes eventos estava sendo estudada. Outra publicação da época teria dito que o Executivo não só apresentaria luxo e conforto inéditos em carros brasileiros como apresentaria vidro separador interno blindado. As notícias antecipadas da imprensa especializada sobre a existência do projeto refletiram a grande

No 5º Salão do Automóvel em São Paulo, o público se encantou com a novidade da Willys, a limusine brasileira chamada Itamaraty Executivo.

Presidente Castello Branco testa a limusine no dia da entrega e aprova!

expectativa, especialmente pelo boato de que o carro destinado ao presidente da República teria vidros à prova de balas e carroceria blindada, "revestida com chapas de aço à prova de bala", com poltronas reclináveis ou giratórias que permitiriam usá-lo como escritório "dentro do maior conforto". Todos os exemplares receberiam melhorias como o acionamento elétrico de todas as vidraças. Uma revista especializada escreveu que "o estouro será o Aero-Willys Presidencial e Executivo", revelando a possível existência de duas versões da limusine, que receberam apenas algumas modificações no habitáculo traseiro, com a nomenclatura Especial e Standard. Na prática, muita coisa noticiada nunca se concretizou, mas ajudou a divulgar o veículo antes de sua apresentação ao público.

Entre 25 de novembro e 12 de dezembro de 1966, ocorreu o 5º Salão do Automóvel, no pavilhão da Bienal do Ibirapuera, em São Paulo, com o lançamento oficial dos modelos e a entrega do modelo Especial (E-340 chassi 05) destinado à presidência da República. O então presidente marechal Castello Branco examinou a limusine presidencial durante uma hora e pôde constatar que muitos boatos que a imprensa divulgava eram falsos. Esse modelo não era blindado, mas possuía equipamentos ausentes nos outros, como rádio transmissor no porta-malas, com bateria suplementar; suportes para os pequenos mastros das bandeiras nas laterais dos para-lamas dianteiros; pequenos brasões da República nas colunas traseiras; plataformas escamoteáveis e alças externas na altura do vidro central para uso dos seguranças, além de televisão e de um velocímetro no console central do habitáculo traseiro. Entre toda a série, só esse veículo vinha com o brasão da República na carroceria e entre os bancos traseiros, já que seu interior era praticamente o mesmo das limusines modelo Especial. Com um sorriso no rosto, o marechal teria dito ao final da visita: "Quem vai comprar isso é o Costa e Silva".

O preço do Executivo Especial ficou em 27.003 cruzeiros, aproximadamente o mesmo valor de quatro Volkswagens Sedan, ou quase dois Itamaratys no valor de 13.947 cruzeiros. O custo do Galaxie, lançado pela Ford no mesmo Salão do Automóvel, acabou sendo mais baixo: 21.909

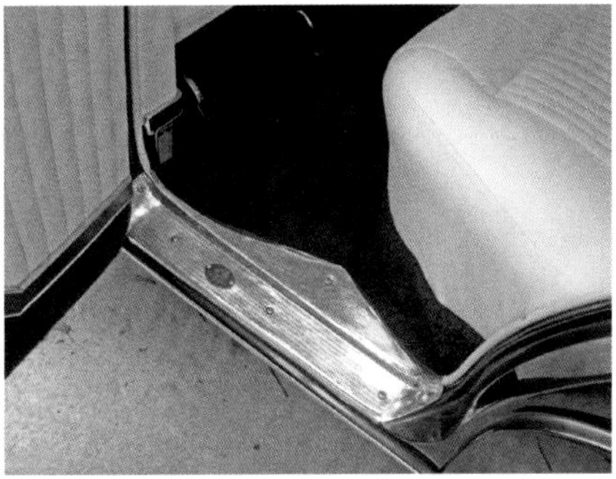

Plaqueta aplicada na soleira das portas indicava que a carroceria era fabricada pela Karmann-Ghia.

cruzeiros. O pretexto para essas disparidades era o propósito do lançamento das limusines como uma jogada de marketing sem finalidade comercial por si só. A produção de unidades ficou limitada ao total de 27 limusines, entre elas dois protótipos, dezenove Standards e seis unidades do modelo Especial, com a participação da Karmann-Ghia no desenvolvimento da carroceria e do ferramental utilizado para a sua execução. Uma pequena placa na soleira das portas traseiras de alguns exemplares trazia a inscrição "carroceria Karmann-Guia".

Para construir a carroceria monobloco do Executivo com espaço para acomodar as duas banquetas escamoteáveis e dar mais espaço para as pernas dos ocupantes do habitáculo traseiro, foi necessário aumentar a distância entre as portas e entre a porta traseira e o porta-malas. Parte desse ganho de dimensões teve de ser obtido à custa do espaço para o motorista, pois o banco dianteiro não era regulável. A versão Standard, tecnicamente chamada de série 6-1152 S-340, era a mais simples e menos luxuosa, mas apresentava diversas características exclusivas em relação à versão Especial, nomeada série 7-1153 E-340. Em ambas as versões, o padrão da fábrica podia ser modificado ao gosto do cliente.

Com o aumento do habitáculo do Executivo para os passageiros em relação ao Itamaraty, a versão Standard podia tranportar cinco pessoas, três delas no banco propriamente dito e duas nos banquinhos escamoteáveis situados nas laterais da parte central do automóvel. A capacidade da versão Especial ficou limitada a apenas quatro passageiros, dois no banco traseiro e dois nos banquinhos escamoteáveis, por causa de um console fixo no centro do banco traseiro. A cor da carroceria era quase sem exceção preta, conhecendo-se apenas dois exemplares ver-

À esquerda: atrás do banco eram instalados o toca-fitas e as saídas do ar-condicionado. À direita: os banquinhos escamoteáveis levavam mais dois passageiros, e no console ficavam o rádio com quatro faixas e o botão de acionamento elétrico do vidro que separava o motorista dos passageiros.

des e dois azuis-marinhos. Destes últimos, um dele era usado pela própria Willys e foi posteriormente pintado de preto pela fábrica. Atualmente sabe-se apenas de um exemplar na cor azul, mas que fora pintado após sair da fábrica.

Quanto aos equipamentos, a versão Standard possuía, pela primeira vez no Brasil, divisória de vidro com acionamento elétrico entre o motorista e o banco traseiro, rádio com quatro faixas de onda equipado com toca-fitas de cartucho Clarion Car Stereo, apoio móvel para os pés, detalhes de acabamento de jacarandá-da-bahia maciço, vidro esverdeado no para-brisa e na traseira, ar-condicionado de série e uma placa prateada com a inscrição "Fabricado especialmente para...". A versão Especial apresentava, além desses equipamentos, gravador Sony, barbeador Remington Roll-a-Matic e toca-fitas de cartucho Clarion Car Stereo com espaço para guardar as fitas no interior do console fixo do banco traseiro, controles de luz interna e acendedor de cigarros. Mecanicamente, a versão Executivo era igual ao Itamaraty, com direção mais suave, motor mais potente, de 3.014 cm^3 e 132 cv a 4.400 rpm, e demais inovações introduzidas na linha de 1967.

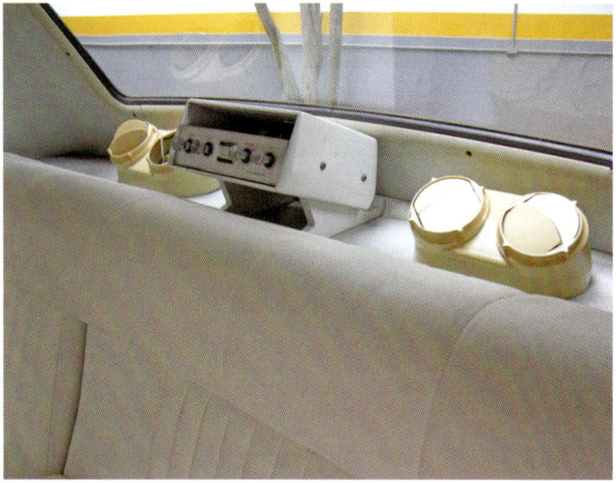

O interior vinha sempre com o estofamento de couro, oferecido nas cores cinza, branco, preto e havana; a maioria apresentava a cor havana no habitáculo dos passageiros e preta no espaço destinado ao motorista. O padrão de estofamento do topo de linha foi inspirado no que fora usado no Itamaraty 66, composto por grandes retângulos delineados por costura, com botões nas extremidades. A padronagem dos Itamaratys também inspirou o interior do Standard, que apresentava costuras verticais e gomos nas bordas.

Dos 27 automóveis produzidos, somente dezenove exemplares foram localizados, a maioria na mão de colecionadores. Embora parte da sofisticação da limusine Executivo se devesse à flexibilidade do padrão de acabamento e sua fabricação por unidade, certas características de fabricação podem indicar claramente se alguma alteração foi executada pelo proprietário. Algumas das modificações encontradas foram a instalação de teto solar, calotas e sobrearos, detalhes de anos anteriores, espelho retrovisor no lado direito, brasões da República, além de modificações no padrão do estofamento, entre outras mudanças mecânicas. O único exemplar que se sabe ter saído de fábrica com um grande teto solar foi o Especial número 4, destinado ao governo do estado de São Paulo.

Como a numeração dos chassis não foi respeitada durante a ordem de fabricação, o penúltimo Executivo a sair da fábrica foi o Standard número 16, exemplar destinado à Prefeitura da cidade gaúcha de Pelotas. O modelo era bastante simplificado, sem o nome Itamaraty nem o detalhe prateado

Foram fabricadas 27 limusines Itamaraty. A Willys não priorizava o lucro e sim o prestígio da marca, objetivo que conseguiu alcançar.

O Executivo foi um dos carros mais importantes da indústria automobilística brasileira e hoje são veículos muito cobiçados pelos colecionadores.

no capô, seguindo o estilo Ford, que havia acabado de comprar a fábrica. A grade dianteira do Itamaraty 1968 estava presente, mas sem os frisos nos para-lamas. Internamente, também não trazia o console que levava o rádio, o acendedor de cigarros, o controle de luzes e o acionamento do vidro divisor. O atual proprietário desse automóvel realizou modificações externas para torná-lo parecido com os primeiro modelos, fabricados pela Willys em 1967.

Para chegar ao número de 27 unidades produzidas, o pesquisador Enio Brandenburg identificou a construção de dois protótipos em 1966, e dois modelos de linha já como série 1967, 21 unidades em 1967 e outros dois fabricados em em 25 de julho e 13 de agosto de 1969. Boa parte deles foi vendida para empresas e órgãos do governo, servindo a presidentes e chefes de estado, entre outras figuras importantes.

Com a compra da Willys pela Ford em meados de 1967, alguns Executivos demoraram muito tempo para sair da fábrica, demonstrando que o novo acionista não possuía interesse em promover o modelo de prestígio da Willys. Além disso, a atenção da Ford durante o 5º Salão do Automóvel estava concentrada no lançamento do Galaxie, que pretendia apresentar ao consumidor brasileiro uma nova e mais avançada concepção de automóvel de luxo em relação à que era oferecida pela Willys no momento. Apesar de tudo, mesmo após a fusão a Ford continuou a respeitar o produto de destaque da Willys, que apareceu na cena final do filme promocional *A união faz a força,* fazendo uma curva em direção ao Congresso Nacional, em Brasília.

O Aero-Willys e seus modelos derivados Executivo e Itamaraty apresentavam concepção de projeto tão antigas em relação ao Galaxie que não seria justo compará-los. Naquele momento, a Kaiser só mantinha interesses automobilísticos na Argentina, através da IKA – Indústrias Kaiser Argentina, e no Brasil, através da Willys, e as dificuldades em acompanhar as concorrentes tecnologicamente resultaram naturalmente na venda dessa última. O retorno dos investimentos numa eventual atualização tecnológica, que custaria milhões de dólares, era incerto, ainda mais com a chegada da concorrência das três grandes empresas automobilísticas americanas ao Brasil: os modelos Galaxie da Ford, Opala da General Motors e Dodge Dart da Chrysler.

1968 – OS ÚLTIMOS À MODA ANTIGA

Nesse ano, os modelos Aero-Willys e Itamaraty foram enviados para Detroit, onde seriam avaliados por técnicos americanos. Embora os arquivos da Ford em Dearborn não registrem o ocorrido, com exceção de algumas poucas fotos, o fato foi citado em propagandas. O curto tempo para uma análise aprofundada dos modelos pela nova proprietária fez com que poucas modificações fossem reservadas para 1968, entre elas, novas cores, novo estofamento e pequenos aperfeiçoamentos.

A falta de mudanças no Aero-Willys e no Galaxie nesse ano era justificada

O Itamaraty não recebeu nenhuma modificação e perdeu compradores para o Ford Galaxie.

pelas propagandas, que afirmavam que ambos os carros apresentavam mecânica confiável e haviam vencido os rigorosos testes realizados pela Ford. A empresa ainda prometeu uma garantia de 20.000 km, ou doze meses, e enfatizava que uma oficina autorizada estaria disponível em todo o território nacional caso o motorista enfrentasse algum contratempo em longas viagens. Exatamente por causa desses fatores apresentados na propaganda muitos compradores se mantinham fiéis aos modelos. Para completar, o Itamaraty era a opção mais barata de carro de luxo, custando 21.663 cruzeiros novos em novembro de 1969 contra os 27.079 cruzeiros novos do Galaxie no mesmo período.

Mesmo com os esforços da Ford para manter dignamente os modelos Willys em sua linha de produtos, desenvolvendo até mesmo uma estratégia de marketing com ênfase na família e no luxo para o Aero-Willys e para os Itamaratys, ambos começaram a perder espaço na mídia. As publicações especializadas eram inundadas naquele momento por notícias quentíssimas sobre o lançamento do Opala e outros produtos.

O Aero-Willys 1968 era praticamente o mesmo do ano anterior.

Apesar de apresentar sinais de enfraquecimento, com a venda de 13.672 unidades em 1967 caindo para 10.575 unidades em 1968, entre Aero-Willys e Itamaraty, a procura ainda era significativa e foi a grande motivadora para a manutenção da linha. A venda dos modelos Willys caíram em grande parte porque havia no Brasil a tradição de a empresa compradora descontinuar os produtos da empresa comprada. Os brasileiros desconfiavam que isso pudesse acontecer e não queriam comprar um carro zero-quilômetro que estaria fora de linha em poucos meses.

1969 – A CONTRIBUIÇÃO DA FORD

Nesse ano, os produtos Willys passaram a ser influenciados pela Ford mais intensamente, passando inclusive a se chamar oficialmente Itamaraty Ford e Aero-Willys Ford. A Engenharia da Ford também introduziu aprimoramentos mecânicos como suspensão aperfeiçoada; amortecedores de maior durabilidade; reforço do eixo traseiro; melhor sistema de freios com tambores e lonas do Galaxie; novo sistema de embreagem; troca de marchas mais suave em razão do câmbio com novas vedações; diminuição dos ruídos graças ao cuidado em toda a vedação

o Aero foi rebatizado de Aero-Willys Ford e recebeu melhorias mecânicas herdadas do Galaxie.

Em 1969 o painel de instrumentos não era mais de madeira e sim revestido de uma imitação de plástico.

do carro e diferencial autoblocante opcional, que facilitava o tráfego em pistas escorregadias e lamacentas. A empresa também estabeleceu um novo cálculo de potência e uma nova calibração do motor, que passou a desenvolver 130 cv no Aero-Willys e 140 cv no Itamaraty.

As modificações estéticas, por outro lado, foram escassas. A frente do Aero-Willys permaneceu inalterada, enquanto o Itamaraty ganhou uma grade com o fundo preto-fosco no lugar do frisado, além de ter o WO central substituído pela espada prateada sobre fundo preto; a inscrição "Itamaraty" do capô ser substituída por uma nova, em letra cursiva, colocada próxima à grade ao lado direito; perder o ornamento do capô; ganhar estofamento com os mesmos materiais que o do Galaxie; receber novas calotas e ter um emblema "3000" aplicado na lateral. O antigo painel de jacarandá do Itamaraty foi substituído por uma imitação de plástico, que ficou "cheio de bolhas" no teste da *Quatro Rodas,* e o belo estojo de ferramentas já não era mais oferecido. O painel do Aero-Willys continuou com o mesmo formato, mas agora era feito de metal prateado. Os limpadores de para-brisa do Galaxie passaram a ser usados em ambos os modelos. Foi perceptível o fato de que as inovações feitas eram na verdade uma forma de simplificar a produção e consequentemente barateá-la.

Renomeado Itamaraty Ford, o modelo recebeu melhorias mecânicas da Ford, novo emblema"3000" na lateral e nova grade com novo símbolo no centro. O emblema Itamaraty vinha agora em letra cursiva, deslocado à direita.

O desempenho apresentado pelo Itamaraty em um teste realizado pela *Quatro Rodas* naquele ano, em junho, era um dos grandes responsáveis pela continuidade do interesse nos automóveis Willys. A velocidade máxima em torno de 142 km/h foi mantida, mas a aceleração teve uma melhora em relação ao modelo do ano anterior com o aumento da potência. Enquanto antes era necessário 38,9 segundos para percorrer 1 km, agora conseguia-se com apenas 36,4 segundos. A exigência de quase 19 segundos para a aceleração de 0 a 100 km/h passou a ser feita em 15,2 segundos, nada mau para um carro com peso de quase 1.500 kg. Constatou-se assim que, apesar da idade do projeto, o automóvel ainda estava em boa forma.

1970 – NAS MÃOS DE HENRY FORD II

Em 10 de fevereiro de 1970, o departamento de Estilo da Ford apresentou um projeto com possíveis modificações no Aero-Willys e no Itamaraty para Henry Ford II. Havia seis protótipos possíveis de modelos 1970 para avaliação: um Galaxie e um LTD com pequena restilização (que logo foram aprovados), além de um Aero-Willys azul-metálico e dois Itamaratys, um prateado com luzes direcionais em continuidade com os faróis e outro bege com os faróis sem essas luzes. Também foi cogitada a possibilidade de se adaptar o motor V-8 do Galaxie caso algum projeto fosse aprovado. Todos os modelos tinham a frente totalmente re-

Foto publicitária da linha Ford-Willys para 1970.

modelada sob inspiração dos Lincolns, com visual pesado, excessivamente quadrado e pouco atraente. A ideia era aumentar o fôlego das vendas e possibilitar a continuidade da produção, mas nenhum dos protótipos apresentados recebeu a aprovação de Henry Ford II.

Apesar da continuidade da produção dos automóveis Willys estar com seus dias contados, a Ford continuou a divulgar os modelos, incluindo-os entre a sua linha de veículos no encarte "Guia do comprador – Escolha aqui o seu veículo brasileiro para 1970". Duas páginas com o título "Dois grandes carros para a família" continham um texto que enumerava as qualidades do Itamaraty, que "[...] é para pessoas que conhecem o que é bom. O que é sóbrio. Para as pessoas que se emocionam com a potência da máquina. Com a beleza exterior e com o acabamento primoroso. Se você é assim, você é um apaixonado pelo Itamaraty. Dirija um. Sinta o poder do valente motor de 140 cv. As quatro marchas que aproveim toda a força do motor. Observe as linhas sempre atuais do novo Itamaraty. Observe também como é sólida a estrutura. Veja o espaçoso

As propostas de mudanças para a linha Aero tinham de ser aprovadas por Henry Ford II, o que não ocorreu com nenhuma delas.

e luxuoso interior. O Itamaraty é o mais espaçoso de sua categoria. Sinta o conforto." O Aero-Willys também foi citado, lembrando suas origens em 1960, sua robustez e bom comportamento nas estradas de todo o Brasil, além de mencionar "que foi testado em Detroit". No final, o consumidor era lembrado de que "quando você compra um Aero ou Itamaraty você está comprando um Ford". Uma chamada publicitária sobre o Itamaraty Ford dizia que "Já que você escolhe sempre o melhor, tenha o melhor carro possível", explorando o público que buscava luxo, mas não tinha condições de adquirir um Galaxie 500 por 38.000 cruzeiros ou um Landau automático com ar-condicionado por 48.000 cruzeiros, enquanto um Aero-Willys custava 22.000 cruzeiros e um Itamaraty saía por 25.000 cruzeiros.

Em 1969, houve poucas alterações estéticas em ambos os modelos, mas o Itamaraty passou a vir com motor de 140 cv e quatro marchas, além de oferecer rádio e diferencial autobloqueante como opcionais. Já o Aero vinha com a mesma composição, mas seu motor de fábrica era de 130 cv, podendo-se optar pelo motor de 140 cv. Outros opcionais oferecidos eram protetores para os para-choques dianteiros, tampa do tanque com chave, cintos de segurança, rádio, alto-falante traseiro, extintor de incêndio, triângulo de segurança e pneus de faixa branca. A Ford encerrou então a remodelação para ambos os modelos e anunciou que não mais os fabricaria em 1971.

No 7º Salão do Automóvel, o estande da Ford-Willys expôs o Aero-Willys e o Itamaraty timidamente. O primeiro usava as calotas do Galaxie Standard, menor e mais simples, e o segundo usava as calotas maiores dos outros modelos Galaxie, a fim de racionalizar os custos. A ilumina-

Os protótipos tinham a frente falsa, realizada pelo departamento de Estilo da Ford-Willys.

Protótipos expostos para a apreciação de Henry Ford II. O terceiro carro da esquerda para a direita era um Opel Rekord, que deu origem ao Opala.

ção interna instalada nas colunas centrais foi substituída por uma única luminária colocada no centro do teto, igual a que era usada no Corcel. Após uma visita de Henry Ford II ao Brasil, os modelos também passaram a ter o logotipo da Ford na dianteira, na tampa do porta-malas e na lateral do para-lamas, além de um no miolo do volante e nos protetores de batentes das portas no caso do Itamaraty.

O grande número de novidades no mercado terminou por reduzir a visibilidades dos carros Willys e resultou na irrisória venda de 1.370 Aeros e 834 Itamaratys, no total de 2.204 unidades durante o ano.

1971 – O FIM DE UMA ERA

A Ford havia preparado o lançamento de um modelo Itamaraty 1972, mas 1971 foi o último ano em que os carros Willys saíram da linha de montagem, que encerrou definitivamente suas atividades em setembro. Também havia planejado ainda na década de 1960 a reestilização da linha Aero-Willys/Itamaraty para fazer frente

Em seu último ano de produção, o Aero-Willys ganhou as calotas do Galaxie Standard e os emblemas Ford espalhados pela carroceria, modificações apresentadas no Salão do Automóvel no final de 1970.

Apresentado no Salão do Automóvel no final de 1970, o Itamarary ganhou as calotas do Galaxie modelo luxo e, como o Aero, emblemas Ford espalhados pelo carro. Em setembro de 1971, o último Itamaraty saiu da linha de montagem.

Protótipo do Itamaraty reestilizado para 1972. Só não foi lançado porque não havia mais tempo.

aos novos concorrentes do mercado, desenvolvendo um modelo de linhas simples e elegantes, com perfil baixo, mas não teve tempo de concretizá-la.

As últimas unidades vendidas, por sua vez, foram registradas até o primeiro trimestre de 1972, de acordo com uma tabela da Anfavea. Durante os dezenove anos de existência da Willys do Brasil, onze anos da linha Aero e cinco anos da linha Itamaraty, foram produzidos 99.621 Aeros e 17.216 Itamaratys. E assim chegou ao fim a história de um dos automóveis pioneiros do Brasil.

Jeep

CAPÍTULO 4

DADOS TÉCNICOS

COMO ERAM OS MODELOS

As informações constantes da Ficha Técnica a seguir correspondem especificamente ao modelo Aero-Willys 1960. Seu conhecimento é especialmente importante porque os modelos Willys tiveram suas características técnicas praticamente inalteradas ao longo de seu desenvolvimento. As alterações feitas em cada modelo se encontram disponíveis ao longo do capítulo "A evolução dos modelos", que descreve os modelos comercializados no período e as mudanças apresentadas a cada ano.

FICHA TÉCNICA DO AERO-WILLYS

MOTOR

Localização: dianteiro.
Configuração de combustão interna: seis cilindros em linha, com válvulas no cabeçote.
Diâmetro dos cilindros: 79,37 mm.
Curso dos pistões: 88,90 mm.
Cilindrada total: 2.638 cm³.
Potência: 90 cv a 4.000 rpm.
Taxa de compressão: 7,6:1.
Válvulas de escapamento: laterais, de comando direto através de tuchos.
Válvulas de admissão: no cabeçote, comandada por tuchos hastes e balancins.

Lubrificação
Sistema de circulação contínua, sob pressão por bomba de engrenagens.

Arrefecimento
Com radiador, circulação de água por bomba centrífuga.

Alimentação
Por bomba de gasolina dupla e mecânica de diafragma no lado esquerdo do motor e operada por um excêntrico na árvore do comando de válvulas.

Filtro de ar
Com banho óleo e tela.

Ignição
Por bateria, bobina e distribuidor com avanço automático; ordem de ignição 1-5-3-6-2-4.

Sistema elétrico
Bateria de 6 volts e quinze placas, localizada no cofre do motor.

Carburador
Zenith-DFV de fluxo descendente, modelo 228.200.

TRANSMISSÃO

Transmissão
Tração: rodas traseiras.

Embreagem
Monodisco a seco.

Caixa de mudanças
Três velocidades à frente e uma à ré. Segunda e terceira marchas sincronizadas.

Relações
1ª 2,798:1 / 2ª 1,551:1 / 3ª 1:1 (direta)
Ré 3,798:1

Eixo traseiro
Diferencial por pinhão e coroa.
Relação: 4,891:1

CHASSI

Tipo: Monobloco
Suspensão dianteira
Independente, braços superpostos, molas helicoidais, amortecedores hidráulicos de dupla ação e barra estabilizadora.

Suspensão traseira
Eixo rígido, feixe de molas longitudinais semielípticas e amortecedores hidráulicos de dupla ação.

Freios
Hidráulicos, a tambor nas quatro rodas.

Freio de estacionamento
Mecânico por cabo nas rodas traseiras.

Direção
Tipo Gemmer, setor e sem-fim.

DIMENSÕES

Comprimento total: 4,70 m
Altura total (vazio): 1,59 m
Largura: 1,82 m
Distância entre eixos: 2,74 m
Bitola traseira: 1,44m
Bitola dianteira: 1,47 m
Peso em ordem de marcha: 1.438 kg

Capacidades
Cárter: 5,67 litros
Tanque de combustível: 68 litros
Sistema de arrefecimento: 10,41 litros
Caixa de mudanças: 1,44 litro
Diferencial: 1,36 litro

Tabela de produção

ANOS	1960	1961	1962	1963	1964	1965	1966	1967	1968	1969	1970	1971	1972	TOTAL
Aero-Willys	6.124	7.747	9.508	14.541	15.056	14.095	11.109	8.603	7.462	3.499	1.191	686	0	99.621
Itamaraty						648	5.701	4.837	3.197	1.587	782	464	0	17.216

FONTES DE CONSULTA

LIVROS

BELLU, René & Serge. *Toutes les Voitures du Monde – Dês années 60*. França: Éditions Retroviseur, 1994.

BRANDENBURG, Enio. *Automóveis brasileiros*. Edição privada, 2003.

BROWN, Arch. *Jeep the unstoppable legend*. Publications Int'l Ltd., 1994.

Carneiro, Glauco. *Cunha Bueno – História de um político*. São Paulo: Livraria Pioneira Editora, 1982.

CIPOLLA, Franco H. *IKA La aventura*. Argentina: Ediciones Del Boulevard, 2003.

CIPOLLA, Franco H. *La epopeya de 1954 Kaiser-Renault 1975*. Argentina: Ediciones Del Boulevard, 2004.

CLARKE, R. M. *Kaiser-Frazer – Limited Edition*. Inglaterra: Brooklands Books Ltd.

Editora Abril. *Enciclopédia do automóvel*. São Paulo: Editora Abril, 1974.

FLAMMANG, James M. *Chronicle of the American automobile*. Publications Int'l Ltd., 1994.

GATTÁS, Ramiz. *A indústria automobilística e a 2ª revolução industrial do Brasil*. Prelo Editora, 1981.

GONÇALVES, Vergniaud Calazans. *Automóvel no Brasil*. São Paulo: Editora do Automóvel, 1966.

GONZAGA, Dória. *Manual de automóveis*. São Paulo: Editora Mestre Jou, 1971.

GREGSON, Paul William. *Maverick*. Editora Alaúde, 2007.

LANGWORTH, Richard M. *Encyclopedia of American cars 1930-1980*. Nova York, Estados Unidos: Beekman House, 1984.

LANGWORTH, Richard M. *Kaiser-Frazer The last onslaught on Detroit*. Automobile Quarterly Library, 1975.

MATTEUCCI, Marco. *History of the motor car*. New English Library, 1970.

RAE, John B. *The American Automobile*. Estados Unidos: The University of Chicago Press, 1965.

REIS, Ciro Dias. *Salão do Automóvel Trinta anos de história*. Anfavea – MD Editora, 1990.

SCHEEL, J. D. *Cars of the world*. Londres: Mathuen & Co. Ltd., reimpressão de 1971.

SEDGWICK, Michael. *Cars of 50s and 60s*. Nova York, Estados Unidos: Beekman House, 1983.

SODRÉ, Roberto de Abreu. *No espelho do tempo.* São Paulo: Editora Best Seller, 1995.
VIEIRA, José Luiz. *A história do automóvel*. Editora Alaúde, 2009.
WILKIE, David J. *Esquire's American autos and their makers*. Nova York, Estados Unidos: Esquire Inc., 1963.
WISE, David B. *The Illustrated Encyclopedia of Automobiles.* Estados Unidos: Hamlyn, 1979.

REVISTAS

Automóveis e Acessórios
Fatos & Fotos
Manchete
Mecânica Popular
Mundo Motorizado, Nº 371
Peças e Serviços
PN
Quatro Rodas
Quattroruote, Nº 133
Autoesporte
Raízes, São Caetano do Sul, 2000
Realidade
Revista de Automóveis, 1952-1960
Seleções do Reader's Digest, Tomo XLIX Nº 289
Visão

CRÉDITO DAS IMAGENS

Abreviações: a = acima; b = embaixo; c = no centro; d = à direita; e = à esquerda.
Na falta de especificações, todas as fotos da página vieram da mesma fonte.

Páginas 33a, 35, 38, 39, 46, 51, 53, 61, 64, 70, 77e, 88-9, 90: Anfavea/Cedoc.

Páginas 7, 8, 9, 10, 11, 13, 14, 15, 16, 17, 18, 19, 20, 21cd, 21e, 26, 27, 28, 29, 32, 37a, 40, 47a, 60, 77d, 100, 101, 102a, 103b: arquivo pessoal de José Antonio Penteado Vignoli.

Páginas 4-5, 6, 21ad, 30-1, 33b, 34, 36, 44-5, 48ad, 49a, 50, 52-3, 59b, 74, 81, 87, 96a, 97, 98a, 102b, 104-5: arquivo pessoal de Rogério de Simone.

Páginas 30-1, 57, 58b, 58-9, 62-3, 65, 66a, 67, 68, 69, 71, 72-3, 76, 78, 79, 80, 82, 83, 84-5, 86, 91, 92, 93, 94, 96b, 98b, 103a, 103c: fotos feitas por Rogério de Simone.

Páginas 54ad, 54e, 56: "Como nasceu o primeiro carro brasileiro", de Jean Manzon.

Páginas 24, 25, 47b, 66b: manual do proprietário.

Página 37b, 42, 48ae, 48b, 49b, 95, 99: propaganda de época.

Páginas 54bd, 55: *Quatro Rodas* – Editora Abril.

Conheça os outros títulos da série:

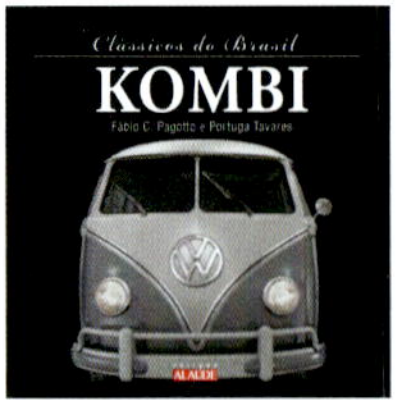

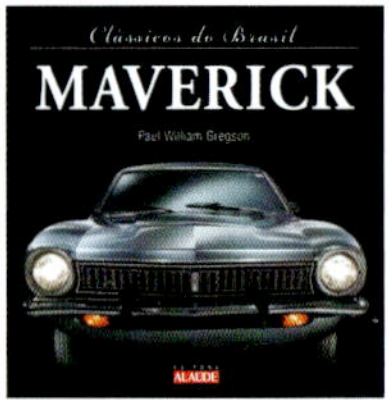